Christa Hahn-Haupt

„Du bist meine Sonne"

Töchter erzählen vom Wagnis der Pflege

Verlag Schwäbisches Tagblatt

Impressum

Redaktionelle Betreuung: Ulrike Pfeil

Zusammenstellung des Informationsteils:
Christine Bierfreund, Beratungsstelle für
ältere Menschen und deren Angehörige, Tübingen

Gestaltung: Büro für Gestaltung, Tübingen
Michael Stoll, Christiane Schott, Claudia Werder

Repro (Titel): Repro Maurer, Tübingen

Druck: TC-Druck, Tübingen

Verlag: Verlag Schwäbisches Tagblatt
Tübingen, September 1998

Titelfoto: Manfred Grohe

ISBN 3-928011-29-4

Inhalt

Vorwort

Zusammen mit meiner Mutter und meiner Schwester habe ich über mehrere Jahre meinen an Parkinson und Altersverwirrtheit leidenden Vater bis zu dessen Tod betreut und gepflegt. Dadurch wurde ich hellhörig für die Erfahrungen, die Menschen – in den allermeisten Fällen sind es die Frauen – mit der Betreuung, der Pflege und dem Sterben alter Menschen, meist naher Angehöriger, machen. Ehe ich mich selber dieser Aufgabe zu stellen hatte, machte ich mir keine Vorstellung von der kräftezehrenden Arbeit, die da von vielen Frauen im gesellschaftlichen Abseits geleistet wird.

Einen Menschen am Ende seines Lebensbogens zu begleiten, scheint trotz der modernen Medizin mit viel Not verbunden zu sein – zumal der letzte Lebensabschnitt eben aufgrund des medizinischen Standards heute viel länger andauert, als dies noch vor wenigen Jahrzehnten der Fall war. Trotz aller Krisen während der Betreuung sind die meisten Frauen im Nachhinein doch von einer großen Dankbarkeit erfüllt, wenn es ihnen gelungen ist, diese Wegstrecke gemeinsam mit ihren Angehörigen zu gehen – auch wenn der Weg nicht immer so verlaufen ist, wie sie sich das zunächst vorgestellt hatten.

Für die Arbeit an diesem Buch habe ich Gespräche mit Frauen geführt, die über längere Zeit einen alten Menschen begleitet, betreut, gepflegt haben. Wir haben dabei nicht nur die Zeitspanne der Pflege angeschaut, sondern die gesamte Biographie und vor allem das Verhältnis der beiden Hauptpersonen zueinander betrachtet. Erst vor diesem Hintergrund kann die Pflegesituation, können Konflikte und Wandlungen richtig gewürdigt und nachvollzogen werden. Es haben Gespräche von großer Dichte und Nähe stattgefunden, und sowohl die bereits Verstorbenen als auch die erzählenden Frauen sind mir jedesmal ans Herz gewachsen.

Die Gespräche sind nicht wörtlich aufgezeichnet. Vielmehr habe ich versucht, das Wesentliche und jeweils Besondere der einzelnen Fälle herauszuarbeiten, den individuellen Sprachduktus meiner Gesprächspartnerinnen zur Geltung zu bringen. Die Texte wurden nach der Niederschrift von ihnen gegengelesen und autorisiert.

Die Frauen, fast alle habe ich zuvor nur flüchtig oder überhaupt nicht gekannt, haben sich mir geöffnet in der Hoffnung, anderen Menschen, die mitten in der Betreuung und Pflege stehen oder diese Aufgabe noch vor sich haben, mit ihren Erfahrungen Hilfestellung geben zu können. Die Frauen erzählen von der Gefahr der Selbstaufgabe, aber auch von Chancen und Veränderungen. Gemeinsam hegen wir den Wunsch, daß dieses Buch dazu beiträgt, die Themen Alter, Pflege und Tod aus ihrem Schattendasein herauszuholen und zu einem öffentlichen Thema zu machen – gerade auch im Zeichen eines härter werdenden Verteilungskampfes, bei dem an sozialen Diensten, ambulanten Einrichtungen und geriatrischen Beratungsstellen gespart und gestrichen wird.

Christa Hahn-Haupt

Christa Hahn-Haupt, geboren 1953, verheiratet, drei Kinder, Lehrerin; während der Familienpause Mithilfe bei der häuslichen Pflege des Vaters und der Betreuung der Tanten Marie und Sophie Haupt; Autorin des Buches „Bergcafé Reusten".

„Ich muß meiner Mutter hoch anrechnen, daß sie sehr lernfähig war."

Friederike, 66 Jahre, verheiratet, vier erwachsene Kinder, abgeschlossenes Biologiestudium; während ihrer Zeit als Familienmutter initiierte sie in ihrer Stadt den Aufbau von Nachbarschaftshilfe und Diakoniestation; bis heute ist sie ehrenamtlich in zahlreichen Initiativen tätig, unter anderem im Alters- und Pflegeheim, für dessen Bau, Konzeption und architektonisch ansprechende Gestaltung sie sich als Stadträtin eingesetzt hatte.

Als Friederikes Mutter Mitte sechzig war, gab sie das von ihren Eltern übernommene Geschäft auf und verkaufte das Anwesen. Im Haus von Tochter und Schwiegersohn zog sie in eine selbstfinanzierte Wohnung. In dieser Wohnung lebte die Mutter noch fünfundzwanzig Jahre ganz selbständig, aber doch stark auf Friederike und ihre Familie bezogen. Im letzten Lebensjahr wurde die Mutter zunehmend schwach und hinfällig und wurde von Friederike bis zu ihrem Tod gepflegt und umsorgt. Das Gespräch fand zwei Jahre nach dem Tod der Mutter statt.

Meine Mutter wurde 1903 im Hohenlohischen geboren. Ihr Vater, Bauernbub von der Schwäbischen Alb und gelernter Kaufmann, hatte in einer Kleinstadt an der Jagst ein Geschäft aufgebaut. Sein Kaufmannsladen war zur damaligen Zeit führend in der Region, und es wurde dort – außer Lebensmitteln – alles feilgeboten, was die Bevölkerung der näheren und ferneren Umgebung benötigte: Mausefallen, Stiefelwichse, Schusternägel, Kuhketten, Schaufeln, Rechen, Heu- und Mistgabeln, Sämereien, Gießkannen, Stoffe, Bänder, Litzen, Knöpfe, Nadeln, Wolle, Grußkarten zu allen Anlässen, Geschirr, Blumenvasen und noch vieles mehr. Für Kinder gab es so wunderbare Dinge wie Schlitten, Puppenstuben und Puppenwägen. Von weither kamen die Menschen im Pferdefuhrwerk und zu Fuß, um hier einzukaufen. Und weil es neben Nützlichem auch schöne Dinge zu bestaunen und zu erwerben gab, haftete diesem Geschäft, zumindest in der ersten Hälfte des Jahrhunderts, der Hauch des Besonderen an.

Meine Großeltern haben ihrem einzigen Kind in einem Mädchenpensionat im Harz die Weihen einer „höheren Tochter" angedeihen lassen. Dort haben sich meine Eltern auch kennengelernt. Mein Vater war Außenhandelsvertreter und Prokurist einer Plüschweberei, die Niederlassungen in ganz Europa, im Vorderen Orient und in Nordafrika hatte. Mein Vater, ein gebildeter und weltoffener Mensch, sprach mehrere Sprachen und war beruflich viele Monate des Jahres unterwegs.

Bis zu meinem elften Lebensjahr wohnten wir in einer Villa inmitten eines weitläufigen Parks. Meine Eltern hatten viel Besuch und empfingen Geschäftspartner und Freunde meines Vaters aus aller Welt. Meine Mutter hatte ein ausgeprägtes ästhetisches Empfinden, und wenn wir Gäste hatten, richtete sie den Tisch immer besonders schön und festlich her. Auch auf ihr eigenes Erscheinungsbild hat sie immer sehr geachtet, und auch auf eine gepflegte Umgebung hat sie bis ins hohe Alter Wert gelegt. Als sie bereits bei mir wohnte, mahnte sie mich oft mit den Worten: „Friederike, du solltest mehr auf dich achten!"

Durch den Krieg brachen nach und nach alle Außenhandelsbeziehungen der Plüschweberei zusammen. Im Jahr 1941, kurz nach unserem Umzug nach Stuttgart, wurde mein Vater als Soldat eingezogen. Als unsere Wohnung ausgebombt war, flüchtete meine Mutter mit mir und meinem fünf Jahre jüngeren Bruder zu den Großeltern ins Hohenlohische. Zu dieser Zeit ist meine Großmutter an Krebs erkrankt. Meine Mutter hat dann im Geschäft mitgearbeitet, den Haushalt geführt, und die Pflege der Großmutter übernommen.

Als mein Vater aus dem Krieg zurückkam, wäre er bereit gewesen, das Geschäft mit dem Großvater zusammen zu führen. Die Großmutter war krank und der Großvater auch nicht mehr der Jüngste. Aber sehr bald zeigte sich, daß der Großvater himmelweit davon entfernt war, auch nur einen Fingerbreit seiner Position und seines Lebenswerks an meinen Vater abzugeben. So kam es zu Zerwürfnissen und gegenseitigen Vorwürfen. Mein Vater zog die Konsequenz und suchte sich eine andere Arbeit in Stuttgart. Infolgedessen konnte er nur am Wochenende bei uns wohnen.

Ich denke, daß das für meine Eltern, insbesondere für meine Mutter, sehr quälende Jahre waren: einerseits die Verpflichtung ihren Eltern, insbesondere der kranken Mutter gegenüber, und andererseits die Ansprüche des Ehemanns. Nach jahrelangem Hin und Her, kurz vor der Silberhochzeit, haben sich meine Eltern schließlich zur Scheidung durchgerungen. Von da an hat meine Mutter das Geschäft noch zehn Jahre zusammen mit dem Großvater und weitere sechs Jahre alleine geführt.

Zu mir hatte meine Mutter immer ein besonders enges Verhältnis. Da mein Vater von Anfang an beruflich viel unterwegs und ich die Ältere von uns zwei Geschwistern war, hat sie mit mir immer vieles besprochen und geteilt, was meine Kinder- und Jugendseele teilweise auch stark belastet und bedrückt hat. Als ich bereits zum Studium aus dem Haus war, habe ich meine Mutter an vielem teilhaben lassen, was mich bewegte – verwöhnte sie mit zahlreichen Briefen. Schlimm war, wenn mal drei oder vier Tage keine Nachricht von mir kam. Dann machte sie sich Sorgen und mir ein schlechtes Gewissen. Sie ermöglichte mir dieses Studium, und ich hatte die Stirn, nichts von mir hören zu lassen!

An allen Freunden, die ich mit nach Hause brachte, hatte sie etwas auszusetzen – da war ihr keiner recht. Ihr Traum war wohl, daß ich in den Schuldienst gehe, während sie mir den Haushalt führt. Für einen Mann war in ihrer mir zugedachten Lebensplanung kein Platz.

Aber was hat eine Mutter ihrer erwachsenen Tochter noch dreinzureden? Mit fünfundzwanzig Jahren hatte ich das Studium abgeschlossen und die Promotion in der Tasche. So bin ich mit sechsundzwanzig meinen Gefühlen gefolgt und habe meinen Mann geheiratet. Als dann nach dem ersten Kind weitere folgten, hat das meiner Mutter auch wieder nicht gepaßt. Ihre kritischen Äußerungen haben mir damals sehr weh getan.

Mit den Jahren hat sie sich mit der größer werdenden Familie abgefunden und gewann auch einen guten Zugang zu den Enkelkindern. Solange sie noch das Geschäft im Hohenlohischen hatte, durfte in den Ferien immer wieder eines der Kinder die Oma besuchen. Das jeweilige Ferienkind bekam dann von den Vertretern, die ins Geschäft kamen, allerlei kleine Präsente zugesteckt. Als unser ältestes Töchterlein einmal mit einem ganzen Korb voller Leckereien und kleiner Geschenke zurückkam, entzückte sie uns mit dem Ausruf: „Das ist alles von der Oma ihren Herren!"

Als meine Mutter etwa Mitte sechzig war, fühlte sie sich sehr im Abseits: Ihre beiden Kinder nebst Familien wohnten weit weg, und auf die Dauer konnte und wollte sie das Geschäft nicht mehr weiterführen. Nach Absprache mit mir, meinem Mann und der Familie meines Bruders entschloß sie sich dazu, ihre bisherige Existenz aufzugeben.

Das ist so leicht dahingesagt, aber die Auflösung dieses Geschäftshaushalts, das Räumen des großen Haupt- und Nebengebäudes, alles vollgestopft mit Waren, Möbeln und ausrangiertem Mobiliar, beschäftigte uns über ein Jahr. An vielen Wochenenden packten wir – und abwechselnd auch mein Bruder und seine Frau – die Familie ins Auto, fuhren zur Oma und machten uns ans Sortieren, Verteilen und Ausmisten von Dingen, die zwei Generationen vor uns angehäuft hatten! Also, diese Räumerei bis hin zum Verkauf des gesamten Anwesens war schon sehr anstrengend. Da ist uns am Schluß fast die Puste ausgegangen! Besonders die Diskussionen mit meiner Mutter, welche Stücke weggegeben werden müssen und welche sie in ihre neue Wohnung, die ja um so vieles kleiner war, mitnehmen kann, haben mich sehr aufgeregt.

Gleichzeitig planten und bauten wir ein Haus an unserem Wohnort, das langfristig ein Zusammenleben mit der Mutter ermöglichen sollte. Mein Mann war zu der Zeit noch Lehrer an einem Gymnasium mit angegliedertem Internat. Für die Lehrer und ihre Familien bestand Residenzpflicht in einer Lehrerwohnung auf dem Schulgelände. Wir waren auch als Familie Ansprechpartner und Betreuer für die Internatsschüler.

Als das neue Haus fertig war, vermieteten wir unseren Hausteil, während meine Mutter ihre Zelte im Hohenlohischen vollends abbrach und in ihre schöne und auf ihre Bedürfnisse und Ansprüche zugeschnittene Eigentumswohnung zog. Ich glaube, sie war sehr froh, nicht mehr die Last der Verantwortung für das Geschäft und das für sie viel zu große Anwesen tragen zu müssen, und nie hörte ich sie Vergangenem und Aufgegebenem nachjammern! Die Rückkehr ins Elternhaus nach dem Krieg – mit vielen Schattenseiten verbunden – war mehr Pflicht als Kür für sie gewesen. Mit Elan und Zuversicht hat sie ihren neuen und freigewählten Lebensabschnitt ergriffen. Sie ging halbtags arbeiten, war erstmals in ihrem Leben kranken- und sozialversichert, und hat sich durch ihre Arbeit hier am Ort einen eigenen Bekanntenkreis erschlossen.

Ich denke, es war ganz gut, daß wir die ersten Jahre noch nicht unter einem Dach gelebt haben. Einmal die Woche hatten wir einen Jour fixe, an dem uns die Oma besuchen kam, und da habe ich mich auf sie eingestellt. Wir haben ja immer ein sehr offenes Haus gepflegt, die Kinder brachten ihre Freunde mit, und häufig saßen auch Internatsschüler bei uns, die etwas loswerden und ihr Herz ausschütten wollten. Und neben allem liefen noch die Verpflichtungen, die sich aus meiner Arbeit im Stadtrat und in der Nachbarschaftshilfe ergaben.

Als wir nach sechs Jahren zusammenzogen, sorgten das offene Haus und die Freundschaften, die wir pflegten, des öfteren für Konfliktstoff mit der Oma. Sie fand, daß wir ausgenutzt würden und zuviel Geld für unsere Besucher verwendeten. Und ich vermute, daß sie einfach eifersüchtig war auf unsere Freunde, die uns so wichtig waren.

Durch das engere Zusammenleben gewann sie auch mehr Einblick in meine Haushaltsführung und unsere Kindererziehung. Daß ich manchmal einfach die Wäsche liegen ließ, weil mir anderes wichtiger war, erregte ihren Unmut. Und daß wir von unseren heranwachsenden Kindern keinen blinden Gehorsam verlangten, sondern eher ein partnerschaftliches Verhältnis pflegten, die Meinungen unserer Kinder ernst nahmen, war sehr gewöhnungsbedürftig für sie.

Als sie einmal darüber Kritik äußerte, entwaffnete sie unser Sohn vollkommen, indem er nach ihren Anwürfen seelenruhig zu mir sagte: „Gell Mama – wir verstehen uns sehr gut." Diese kleine, aber mit vollkommener Sicherheit vorgetragene Äußerung hat ihr völlig den Atem verschlagen. Noch heute sehe ich sie am Tisch sitzen, in aufrechter Haltung, aber innerlich sichtlich um Fassung ringend!

Mit der Zeit hat sie akzeptiert, daß bei uns in der Erziehung manches anders läuft, als das früher der Fall war. Sie hatte auf ihre Art und Weise auch einen guten Draht zu den Kindern und ist für ihre

Enkel und später sogar für ihre Urenkel so eine Art Flucht- und Ruhepunkt gewesen. „Wenn jetzt die Uroma Gertrud noch da wäre, würde ich zu ihr gehen", schluchzte unsere Enkeltochter einmal, als sie von ihrem Bruder und dessen Freund beim Spielen ausgeschlossen und geärgert wurde. Das war schon ein Jahr nach dem Tod der Uroma und war sehr bezeichnend für die Situationen, in der die Enkel und Urenkel zu der Oma geflüchtet sind. Aber die Oma hatte auch ihre Prinzipien: Genauso wie wir duldete sie es nicht, daß die Kinder bereits am Vormittag vor dem Fernseher hockten oder ungeeignete Sendungen anschauten. Da war sie sehr konsequent und wagte es auch, den Enkeln und Urenkeln ein klares „Nein" entgegenzusetzen.

Ziemlich am Anfang unseres Zusammenlebens, als meine Mutter an unseren Besuchern und Freunden und den damit verbundenen Aufwendungen und vermeintlichen Ausgaben herummäkelte, war mein Mann einmal sehr aufgebracht. Er hat ihr unmißverständlich und sehr impulsiv klar gemacht, daß sie es schon uns überlassen muß, was uns unsere Freunde wert sind. Gott sei Dank hat sie sich daraufhin nicht beleidigt zurückgezogen, sondern hat die Ursachen seines Ausbruchs reflektiert und auch akzeptiert. Manche alten Menschen verkneifen sich zwar die Kritik mit Worten, aber ihre Mißbilligung quillt aus allen Knopflöchern. Ich glaube, so eine Haltung ist viel schlimmer, weil man sich nicht zur Wehr setzen kann. Ich muß meiner Mutter hoch anrechnen, daß sie auf all diesen konfliktträchtigen Gebieten lernfähig war und ihre Sicht der Dinge veränderte, ohne sich zu verstellen oder zu verleugnen. Das war eine sehr schöne Erfahrung, die wir im Zusammenleben mit ihr machen durften.

Zu dieser positiven Wende haben auch unsere Freunde ihren Teil beigetragen. Mit der Zeit haben sich richtige Rituale eingeschliffen: Unsere beste Freundin machte es sich zur Gewohnheit, erst eine Weile mit der Oma zu plaudern, wenn sie uns besuchte, ehe sie zu uns hochkam. Als Frühlingsgruß brachte sie der Oma jedes Jahr einen Zweig japanischer Quitten mit, die in Stuttgart zwei Wochen eher erblühen als in unserem rauhen Albklima. Ein anderer Freund überreichte der Oma jedesmal eine rote Rose, und noch heute legt er ihr eine Rose aufs Grab, wenn er kommt. Für unsere Freunde waren das keine hohlen Gesten, die es artig zu absolvieren galt, sondern im Lauf der Jahre entwickelte sich eine Wertschätzung und Zuneigung, die auf Gegenseitigkeit beruhte.

Ähnlich verhielt es sich mit Satu, einer eriträischen Internatsschülerin, die ihre Wochenenden bei uns verbrachte, wenn sie nicht nach Hause fahren konnte. Die Oma war zunächst der Meinung, wir hätten doch schon genug eigene Kinder – was wir uns denn noch fremde Gören aufladen müßten! Und gerade die beiden haben einander besonders lieb gewonnen, und der Kontakt ist nicht abgerissen – selbst als Satu schon längst in einer weit entfernten Stadt wohnte.

Auch das anfänglich gespannte Verhältnis zwischen meinem Mann und meiner Mutter hat sich gewandelt. Wenn er zum Beispiel keine Lust mehr hatte zu korrigieren, und ihm der Sinn nach einer Ablenkung stand, ging er oft runter zur Oma, hat bei einem Schnäpschen über dies und das mit ihr geplaudert. Selbst das Annähen von Knöpfen entwickelte sich zu einem freundschaftlichen Ritual der beiden: War an einem seiner Kleidungsstücke ein loser Knopf, ging er zur Oma, „beschwerte" sich über seine Frau, die unfähig sei, einen Knopf anzunähen; im Gegenzug „bedauerte" sie ihren armen Schwiegersohn, während der Knopf flugs angenäht wurde. Lediglich die Leidenschaft meines Mannes, sich immer wieder Bücher zu kaufen, konnte meine Mutter nicht nachvollziehen. Er hatte doch studiert und mußte ihrer Meinung nach infolgedessen bereits alles wissen! Da hätte er das Geld doch lieber für ein neues Kleidungsstück oder ein flottes Accessoire ausgeben können!

Als mein Mann pensioniert war, hat er die Oma häufig im Auto mitgenommen, wenn er Besorgungen zu machen hatte. Dahin und dorthin zu fahren, mit jemandem zu reden oder jemanden kennenzulernen – das machte ihr Freude, denn trotz ihres hohen Alters ist sie neugierig und aufgeschlossen geblieben.

In den 70er Jahren habe ich hier in unserer Gemeinde die Nachbarschaftshilfe und die Diakoniestation mitbegründet. Um Geld für dringende und unbürokratische Hilfe zu bekommen, veranstalteten wir jedes Jahr einen Bazar. Ich arbeitete damals mit einer Gruppe ganz patenter und tatkräftiger Frauen zuammen, die sich das ganze Jahr über etwa alle vierzehn Tage trafen, um schöne und nützliche Dinge herzustellen, die wir dann verkaufen konnten.

Vor allem als meine Mutter nicht mehr regelmäßig arbeitete – da war sie aber bereits über siebzig, hat sie sich stark in der Nachbarschaftshilfe eingebracht. Nicht nur, daß sie jedes Jahr sechzig bis siebzig Schürzen nähte und zahllose schöne Dinge strickte – sie half immer mal wieder wochen- oder tagelang aus, wenn in einer Familie die Mutter krank war. Das war schön, daß sie mein ehrenamtliches Engagement so unterstützt und mitgetragen hat, daß wir sozusagen Hand in Hand gearbeitet haben. Und wenn ich ab und zu in der Zeitung Erwähnung fand, war sie immer mächtig stolz auf ihre Tochter!

Durch ihren Einsatz in der Nachbarschaftshilfe hat sie auch wieder neue Menschen kennengelernt, zu denen die Verbindung zeitlebens nicht mehr abriß. Außer den neuen Bekanntschaften pflegte sie, insbesondere durch Briefe und Telefonate, einen intensiven Kontakt zu zwei Frauen ihres Heimatstädtchens. Ja, und dann gab es noch einen ihrer „Herren", also einen Handelsvertreter und guten Freund aus der Zeit, als sie noch Geschäftsfrau war. Das war ein ganz humorvoller Mann, eine Seele von Mensch, der die Oma oft besuchte, und gelegentlich sind die beiden auch miteinander verreist.

Bei all diesen Bekanntschaften und Freundschaften hat meine Mutter stets Distanz gewahrt. Sie war immer darauf aus, ihre Unabhängigkeit zu erhalten, wollte sich auf nichts Verbindliches oder gar Verpflichtendes mehr einlassen. Dadurch hat sie sich natürlich stark an uns gekettet. Sie hat zwar bis zu ihrem neunzigsten Lebensjahr ihren Haushalt bis auf eine gelegentliche Putzhilfe alleine geführt, aber insgesamt war sie doch stark auf unsere Familie bezogen. An den Wochenenden haben wir sie beispielsweise all die Jahre in unsere Planungen miteinbezogen. Also da habe ich andere Menschen manchmal beneidet, die so ganz frei waren in der Gestaltung ihrer Zeit!

Insgesamt hat die Mutter vierundzwanzig Jahre hier gewohnt – zwei Jahrzehnte davon haben wir sogar unter einem Dach gelebt. Bis zu ihrem neunzigsten Lebensjahr war sie keinen Tag wirklich krank, war geistig und körperlich völlig rege. Wenn ich meinerseits krank im Bett lag, ist sie gekommen, verwöhnte mich mit allerlei Tees und Obst und gab mir den Ratschlag, positiv zu denken. „Wenn du positiver denken würdest, wärst du jetzt nicht so übel dran", meinte sie. Meine Mutter war der Meinung, daß es überwiegend an einem selbst liegt, wie es einem geht.

Die Gewohnheit, sich zu pflegen, auf ein adrettes Äußeres zu achten, hat sie ebenfalls bis ins hohe Alter beibehalten. Niemals wäre sie mit einer fleckigen Bluse herumgelaufen. Sie duschte regelmäßig, ging gerne zum Friseur und kaufte sich auch immer mal wieder ein neues Kleidungsstück. Sie trug gerne Kleider, denen sie mit einem eleganten Schal den letzten Pfiff verpaßte. Die Nachbarn erkannten sie im Vorbeigehen stets an ihrem energischen und raschen Schritt. Den täglichen Spaziergang, der ihr Leib und Seele erfrischte, versäumte sie keinen Tag. Da war sie äußerst diziplinert!

Als meine Mutter bereits weit über achtzig war, konnten und wollten wir sie nicht mehr alleine zu Hause lassen, wenn wir für ein paar Tage oder auch mal für zwei bis drei Wochen wegfahren wollten. So haben wir immer Ausschau gehalten nach Freunden und Bekannten, die nach dem Haus, den vielen Pflanzen und vor allem nach der Mutter schauten. Das war gar nicht so leicht. Es sollte jemand sein, der gerade Zeit und Lust hatte zu kommen, vor allem mußte er aber mit meiner Mutter gut auskommen! Da haben sich dann mal mein Bruder und seine Frau angeboten, unsere gemeinsame Stuttgarter Freundin leistete der Mutter sehr gerne für etliche Tage Gesellschaft, gemeinsame Freunde von der Nordsee verbrachten vierzehn Tage in unserem Haus und kümmerten sich ganz lieb um Mutter, oder wir quartierten Freunde unserer Kinder ein. So konnten wir ganz beruhigt immer wieder ausspannen.

Den neunzigsten Geburtstag der Mutter haben wir mit der ganzen Familie, allen Kindern, Enkeln und Urenkeln gefeiert. Morgens waren wir zu einer Andacht in der Kirche, und anschließend gab es ein Festessen in einem Restaurant. Wie es sich bei der Oma gehörte, war die Tafel schön geschmückt – mit Herbstastern, passenden Kerzen und Servietten, alles in warmen Tönen gehalten. Enkel und Urenkel erfreuten uns alle mit Gedichten und Musik, und abends veranstaltete mein Mann noch ein Feuerwerk. Die Oma hat dieses Fest sehr genossen!

Ein Jahr und wenige Tage hatte sie danach noch zu leben, und in diesem letzten Jahr ist sie fast von Woche zu Woche schwächer geworden. Sie bekam Schwindelanfälle, stürzte zu Boden und kam ohne Hilfe nicht mehr hoch. Die Beine versagten nach und nach ihren Dienst.

Am Neujahrstag – also genau zwei Monate nach ihrem neunzigsten Geburtstag – schrillte morgens um sieben das Telefon bei uns. Ahnungsvoll, daß dieser Anruf nichts Gutes bedeuten könne, schreckten wir hoch. Mein Bruder rief ins Telefon: „Geht schnell runter zur Mutter – ich melde mich nachher wieder!" Wir fanden die Oma vor dem Bett liegend auf. Als sie gegen Morgen auf ihren Nachtstuhl neben dem Bett wollte, war ihr schwindelig geworden, sie stürzte und lag hilflos am Boden. Nach mehreren Stunden war es ihr wohl gelungen, eine Telefontaste mit eingespeicherter Nummer zu drücken. Es war die Telefonnummer meines weit entfernt wohnenden Bruders. Als er den Hörer abnahm, hörte er nur ein Geräusch, wollte schon verärgert den Hörer wieder auflegen, als er die ihm aus der Kindheit vertraute Uhr schlagen hörte, die bei der Oma in der Wohnung hing.

Von da an konnte sich die Oma nicht mehr selber versorgen. Ich habe ihr morgens beim Aufstehen und bei der Morgentoilette geholfen, bereitete ihr das Frühstück, zum Mittagessen holten wir sie hoch, brachten sie dann wieder in ihre Wohnung. So ging das über Wochen und Monate den ganzen Tag treppauf, treppab. Ich glaube, ich bin bis zu zwanzig Mal am Tag hin und her gerannt. Und ständig war ich am Horchen, war Tag und Nacht von einer unvorstellbaren Unruhe und Anspannung durchsetzt, war im wahrsten Sinne des Wortes nicht mehr bei mir. War ich nicht physisch bei ihr anwesend, kreisten meine Gedanken immer voller Unruhe um sie.

Im Sommer, als ihr das Treppensteigen immer schwerer fiel und sie schließlich den ganzen Tag im Bett liegen mußte, haben wir sie bei uns in der Wohnung im Gästezimmer untergebracht. Das war ein schwerer Gang für sie, denn sie ahnte wohl, daß sie nicht mehr in ihre Wohnung zurückkehren würde. Gesagt hat sie aber nichts.

Dreimal am Tag kamen dann auch eine Krankenschwester beziehungsweise ein Zivildienstleistender von der Diakoniestation ins Haus, die mir beim Waschen, Windeln und Umbetten halfen, denn auch der Gang zur Toilette war nicht mehr möglich. Es war meiner Mutter ganz arg, daß sie in diesen Zustand der Hilflosigkeit gekommen ist, daß sie mir so viel Arbeit machte, und ich mußte sie ständig trösten und beschwichtigen.

In früheren Jahren hatte meine Mutter oft das Gefühl, nur sie sei die Gebende. Wenn ihr aber eine Gabe zuteil wurde, hat sie das fast als selbstverständlich erachtet. In dieser Beziehung hat sie sich in ihrem letzten Lebensabschnitt nochmals sehr gewandelt: Sie war unendlich dankbar für jede Handreichung, hat die Pflege und die Mühen, die sich unsere Familien, die Freunde und Pfleger mit ihr machten, niemals als Selbstverständlichkeit hingenommen. Meine Mutter hat ja ihre eigenen Eltern bis zu deren Tod versorgt und gepflegt. Da hat sie die andere Seite der Medaille kennengelernt, und ich denke, daß uns diese Lebensphase meiner Mutter dann beim Umgang mit ihrer eigenen Gebrechlichkeit geholfen hat. Da hat sie sozusagen vorgearbeitet.

In dieser schweren Zeit, da ich so vollkommen ans Haus gefesselt war, haben uns auch mein Bruder und seine Frau am Krankenbett abgelöst. Einmal waren wir etwas länger als einen Tag weg, und diese kurze Zeitspanne, in der ich nach all der Anspannung wieder einmal ganz gelöst sein und frei durchatmen konnte, empfand ich wie einen Erholungsurlaub von zwei Wochen. Ich hatte damals aber auch wirklich die Gabe, alles Belastende hinter mir zu lassen, sobald ich aus dem Haus war. Dieses „Loslassenkönnen" empfand ich wirklich als Geschenk. Außerdem hatte ich das Gefühl, diese „geschenkte Zeit" viel bewußter und intensiver zu erleben, hatte eine geschärfte Wahrnehmung für alles Schöne um mich herum.

In den letzten Lebensmonaten haben mein Mann und ich die Mutter zum Mittagessen regelmäßig aus dem Bett geholt, und anschließend betteten wir sie im Wohnzimmer für etwa eine Stunde auf einen Sessel. Von dort hatte sie einen wunderbaren Blick in die Landschaft und in den Himmel. Sie war sehr phantasiebegabt und konnte sich in die wechselnden Wolkenbilder hineinträumen.

Ein Baum vor dem Wohnzimmerfenster war schon ziemlich hochgewachsen und fing an, den Blick ins Weite zu versperren. Als mein Mann diesen Baum zurückschneiden wollte, rutschte die Leiter weg, und er stürzte auf die Waschbetonplatten. Drei lange und bange Monate lag er in der Klinik, und die Ärzte konnten uns lange nicht sagen, ob er je wieder würde gehen können.

Ich weiß nicht mehr, wie ich diese letzten sieben Wochen bis zum Tod meiner Mutter durchgestanden habe. Aber jeden Tag kamen

Freundinnen, um mich für zwei, drei Stunden am Krankenbett der Mutter abzulösen, damit ich meinen Mann besuchen konnte. Auf ganz selbstverständliche Weise haben sie mir über diese schwere Zeit hinweggeholfen, die ich ohne ihren Beistand nicht durchgehalten hätte. Sie lasen meiner Mutter aus dem Gesangbuch vor, beruhigten und trösteten sie über die Stunden hinweg, in denen ich nicht da war.

Obwohl sie immer schwächer wurde, auf jede Handreichung angewiesen war, hat sie, glaube ich, bis zum Schluß gerne gelebt. Ungefähr einen Monat vor Mutters Tod war unsere Tochter mit ihren Kindern nochmals hier, und es war uns allen klar, daß dies der letzte Besuch sein würde. Als die Urenkel bei der Oma auf dem Bett saßen, sagte sie angesichts der Kinder: „Ach, vielleicht wird es doch nochmal besser." Daraufhin meinte ich: „Ja, es ist doch schön zu beobachten..." – „...was aus diesen Kindern so wird!" ergänzte sie mich.

Sie hat auch nochmals ganz intensiv auf ihren einundneunzigsten Geburtstag zugelebt. Freudig, tief bewegt und ganz wach nahm sie alle damit verbundenen Besuche, Geschenke und Grüße entgegen. Besonders berührt war sie von dem großen Lilienstrauß, den ihr unsere jüngste Tochter per Fleurop geschickt hatte.

Zu diesem Zeitpunkt war es ihr bereits gegeben, belastende und schwere Erlebnisse aus der Vergangenheit nicht mehr erinnern zu können. Manchmal erkannte sie auch ihr nahestehende Menschen nicht mehr, dagegen plauderte sie ganz angeregt zum Beispiel mit den wechselnden Schwestern von der Diakoniestation bis zwei Tage vor ihrem Tod.

Über den Tod hat sie nicht gesprochen. Ich glaube, sie hatte keine Angst vor dem Tod, aber aus gelegentlichen Äußerungen meine ich herausgehört zu haben, daß sie sich vor dem Augenblick des Sterbens, des Weggehens und Loslassens etwas fürchtete. Und doch ist dieser Augenblick ganz gnädig für sie gekommen.

Als hätte unsere beste Freundin geahnt, was die Nacht und der nächste Morgen bringen, besuchte sie uns am Abend vor Mutters Tod und blieb auch da. Abwechselnd wachten wir bei der Mutter. Als ich am Morgen zum wiederholten Male an ihr Bett trat, begrüßte und beschenkte sie mich mit den Worten: „Ach du bist's, Friederike. Das ist aber schön. Du bist meine Sonne!"

Sie atmete immer tiefer und unregelmäßiger. Gemeinsam hielten unsere Freundin und ich die Mutter im Arm, als sie ihren letzten Atemzug tat. Wir waren beide sehr bewegt und dankbar dafür, daß ihr das Hinübergehen in eine andere Welt ohne Kampf geschenkt wurde. Ich bin noch bei ihr sitzengeblieben. Dann habe ich meinen Mann in der Klinik angerufen und auch die Kinder in Norddeutschland verständigt. Der Pfarrer, den meine Mutter sehr gern mochte, kam, und wir nahmen mit Gebeten Abschied von ihr.

Sie durfte noch den ganzen Tag bei mir im Haus bleiben. Ich wollte, daß sich unsere jüngste Tochter, die am Abend aus Norddeutschland kam, im Sterbezimmer von ihrer Oma verabschieden konnte. Das Zimmer hatte ich schön mit Kerzen gerichtet, all die vielen Blumen vom einundneunzigsten Geburtstag standen noch da. Sie lag ganz friedlich und mit entspannten Gesichtszügen in ihrem Bett. Spätabends haben wir die Mutter dann gemeinsam mit der Bestatterin in den Sarg gebettet – geschmückt mit den Geburtstagslilien, über die sie sich so gefreut hatte.

Daß sich meine Mutter so schön von mir verabschiedet hat, strahlt für mich wie ein goldener Schein über dem ganzen Erleben ihres Todes. Neben der Dankbarkeit, die sie das ganze letzte Jahr mir und allen, die sie pflegten und sich um sie bemühten, entgegenbrachte, haben mich ihre letzten Worte für alles Schwere nicht nur entschädigt, sondern reichlich beschenkt!

Durch das langjährige Zusammenleben unserer Familie mit meiner Mutter wurde auch der Bogen zu den nachfolgenden Generationen geschlagen. Es berührt mich, wenn sich unsere Enkeltochter darüber Gedanken macht, ob die Düsenjäger die Seele der Uroma Gertrud im Himmel nicht doch stören, und ich freue mich, wenn unsere Schwiegertochter ein Möbelstück aus dem Haushalt meiner Mutter als Wickelkommode für ihr Neugeborenes auswählt und aufpoliert. Mit der Benutzung dieses Möbelstücks werden viele Erzählungen und Erinnerungen an die Uroma Gertrud verbunden sein!

„Acht Jahre hatten wir die Ahne zu Hause, dann haben wir sie zum Sterben weggegeben! Darüber bin ich nur ganz schwer weggekommen"

Hedwig, 50 Jahre alt, Hausfrau, verheiratet, fünf Kinder; pflegte und versorgte ihre Schwiegermutter im monatlichen Wechsel mit ihren Schwägerinnen acht Jahre lang. Als sich zwei der Pflegerinnen dieser Aufgabe nicht mehr gewachsen fühlten, wurde die Ahne in ein Altersheim übersiedelt, wo sie nach wenigen Tagen starb. Das Gespräch fand drei Jahre nach dem Tod statt.

Meine Schwiegermutter wurde Anfang dieses Jahrhunderts als drittes Kind von zehn Geschwistern geboren. Die Eltern besaßen eine kleine Landwirtschaft, die kaum das Nötigste für die große Familie abwarf. Die Mutter wurde früh krank, und so trieb der Vater die Landwirtschaft mit seinen Kindern um. Auch das Kochen, Brotbacken und Waschen mußte von den Mädchen übernommen werden. Bei uns gibt es – im Vergleich zu den umliegenden Dörfern hier im Unterland – kaum fruchtbares Ackerland, dafür viele „Bückel" und Abhänge, was die Bearbeitung erschwert. Diese Umstände haben meine Schwiegermutter geprägt. Wer hier einigermaßen über die Runden kommen wollte, mußte unglaublich flink, fleißig, sparsam und zäh sein.

Meine Schwiegermutter hatte drei Kinder, zwei Töchter und einen Sohn. Ihr Mann ging ins Geschäft. Vielleicht hat sie ihn deshalb so geschont. Ältere Leute haben mir oft erzählt, daß meine Schwiegermutter beim Futterholen das schwere Grastuch trug, während der Mann mit dem Rechen nebenher ging. Er war aber auch nicht so flink und geschickt, und da zog sie es vor, die Landwirtschaft mit ihren Kindern umzutreiben. Vor allem an meinem Mann, dem einzigen Sohn, blieb viel hängen, weil er die Fuhrwerkerei übernehmen mußte. Mein Mann ist auch sehr gutmütig, hat sich stets gefügt und hätte seiner Mutter nie ein böses Wort geben können. Da hieß es immer: „Otto, auf...!" Gleichzeitig hat sich meine Schwiegermutter aber nie das Heft aus der Hand nehmen lassen. Wollten die Jungen zum Beispiel im Heuet abends besprechen, wie sich der nächste Tag arbeitsmäßig gestalten solle, so würgte sie jedwede Debatte mit den Worten ab: „Jetzt muß man erst mal aufgestanden sein!"

Als ich geheiratet habe, bin ich anfangs noch arbeiten gegangen. Wir haben dann im Heimatort meines Mannes gebaut. Meiner Schwiegermutter ging es in dieser Zeit nicht so gut. Ich weiß gar nicht mehr genau, was ihr damals fehlte – es hieß auf jeden Fall, sie habe „alles Mögliche". Wenn man damals in einen fremden Flecken hinein geheiratet hat, fühlte man sich von den Leuten ziemlich beobachtet, und ich spürte den Druck, daß von mir erwartet wurde, mit der Arbeit aufzuhören, um verstärkt meiner Schwiegermutter unter die Arme zu greifen. Ich bin gerne ins Geschäft gegangen, erhielt Bestätigung durch meine Arbeit, und das Kind wußte ich bei meiner Mutter gut aufgehoben. Trotzdem gab ich dem Druck der Leute nach.

Mit diesem Schritt habe ich mich dem Zugriff meiner Schwiegermutter vollkommen ausgeliefert, und von da an befand ich mich in einem Zustand ständiger Alarmbereitschaft. Sie heckte ihre Arbeitspläne aus, und ich sollte immer instinktiv erspüren, was sie vorhatte. Das war natürlich ein Ding der Unmöglichkeit. So vermittelte sie mir stets das Gefühl, nicht schnell genug zu sein, immer zu spät zu kommen. Noch heute, wenn ich diese Gasse, in der ihr kleines Häuschen stand, hochgehe, sehe ich ihre wehenden Schürzenzipfel, weil sie bereits nach mir Ausschau hielt.

Auch mein Haushalt hat nichts gegolten bei ihr. Wie viele Frauen ihrer Generation sah sie nur die Erleichterungen, die Waschmaschine und Elektroherd mit sich brachten, nicht aber die Belastungen, die neu auf uns zukamen. „Ha – die jungen Weiber!" hieß es dann, wenn eine junge Frau aus der Nachbarschaft eine Brotteigmaschine kaufte oder gar gleich das Brot beim Bäcker erwarb. Ich selbst wollte gerne mit meiner Schwiegermutter zusammen das Brot im Backhaus backen. Aber das Teigmachen, das war auch etwas, das sie sich nicht aus der Hand nehmen lassen wollte. Sie hatte immer gutes Brot und schönes Brot, und darauf war sie zurecht sehr stolz. Mir blieben aber nur die niederen Tätigkeiten wie die Brotlaibe ins Backhaus zu tragen, beim Einschießen der Brote behilflich zu sein und so weiter.

Manchmal schickte sie mich auch nach Hause, wenn eine ihrer Töchter zum Mithelfen kam. Dann hieß es: „Jetzt kannst du gehen, jetzt ist ja meine Berta da." Das war bestimmt gut gemeint, aber für mich war es sehr demütigend, so herumgeschickt zu werden.

Auch meine Kinder haben bei meiner Schwiegermutter nichts gegolten, wenn sie am Schaffen war. Das waren dann hinderliche „Dubbel", und wenn sie quengelten, wurden sie von der Ahne schnell mit einem Keks abgespeist, den sie immer in der Schürzentasche hatte, weil sie selber so eine süße Schleckerin war. Ich dachte oft, daß ihr ihre Rübchen wichtiger sind als die Kinder. So habe ich meine älteste Tochter häufig ins Bett gesteckt und alleine zu Hause gelassen, wenn ich mit der Schwiegermutter aufs Feld ging. Aber das war auf die Dauer kein Zustand, und diese Spannung, es allen recht machen zu wollen und letztendlich niemand gerecht zu werden, griff mich immer mehr an.

Bei einem Arztbesuch ist dann einmal alles aus mir herausgebrochen. Die Ärztin, die die Verhältnisse kannte, riet mir dringend, mich stärker von meiner Schwiegermutter abzugrenzen und mir eine eigene Arbeit zu suchen. Das hatte mir so noch gar niemand gesagt, aber ich nahm dann eine Heimarbeit an. Das hat mir geholfen, denn jetzt konnte ich mich hinter meine eigenen selbstgestellten Aufgaben zurückziehen, konnte sagen: „Ich habe auch mein Geschäft." Außerdem erwartete ich zu diesem Zeitpunkt wieder ein Kind. Im übrigen tat mein Mann mehr als seine Pflicht. Als einziger Sohn und am Ort ansässig, war er sowieso immer der erste, der gerufen wurde, wenn Not am Mann war. Das mußte reichen.

Von da an ging es mir wieder besser. Aber so eine Restspannung blieb immer. Ich hätte mich nie getraut, mal länger im Bett zu bleiben oder am glockenhellen Tag ein Buch in die Hand zu nehmen, denn ich war nie sicher, wann meine Schwiegermutter mit den neuesten Arbeitsparolen an der Tür stand, diese und jene Handreichung einforderte.

Als mein Schwiegervater krank wurde, übernahm seine Frau die Pflege. Das Vieh hatten sie inzwischen zwar aufgegeben, aber die Baumwiesen und die Weinberge, das war noch alles da. So ergab es sich von selbst, daß wir fast täglich auf dem Hof zu tun hatten, nach dem Ähne und der Ahne schauten und sahen, wo es fehlte. Meine Schwiegereltern hatten zum Beispiel ihr Schlafzimmer im ersten Stock. Obwohl das Treppensteigen für den Ähne immer beschwerlicher wurde, weigerten sich die beiden, das Schlafzimmer in die gute Stube im Erdgeschoß zu verlagern, die eh kaum benutzt wurde. So halfen wir über viele Jahre jeden Abend, den Ähne die Stiege hochzubugsieren. Sehr oft übernahmen auch unsere großen Kinder diese Aufgabe. Mir hat es dann sehr weh getan, wenn ich mitgekriegt habe, welch riesigen Lebtag die Ahne mit den Enkeln von auswärts hatte. Da sprach sie dann von „den Unseren". Das fand ich verletzend, daß unsere Familie so fürs Grobe und den Alltag zuständig war, während die anderen frei von solch regelmäßigen Verpflichtungen und gleichzeitig die Liebsten waren.

Mit dem Ähne war es nicht einfach. Er konnte auch sehr grob werden. Daß die Ahne die Hauptlast seiner Pflege und Versorgung übernommen hat, haben wir ihr hoch angerechnet. Das hat dann auch den Grundstein dafür gelegt, daß wir gedacht haben: Wenn mit ihr mal was ist, wollen wir sie nicht im Stich lassen. Andererseits sah ich aber auch nicht ein, die Pflege alleine zu übernehmen und die Geschwister meines Mannes aus der Verantwortung zu entlassen.

Sich mal was zu gönnen, lag meiner Schwiegermutter ganz fern. Ich kann mich nicht erinnern, daß sie jemals bei einem Ausflug dabeigewesen wäre. Und was die Jungen immer mit dem Urlaub hatten, konnte sie gar nicht verstehen. Lediglich als junges Mädchen ist sie mal aus dem Flecken hinausgekommen. Da war sie für kurze Zeit bei „Herrschaften" in Stellung, als man sie über den Winter zu Hause als Arbeitskraft entbehren konnte. Wenn ich sie ermunterte, etwas Schönes für sich zu kaufen, hieß es: „Das braucht man nicht." Auch mit Festen und Feiern hatte sie nichts am Hut. Ich habe es zur Tradition gemacht, daß sich die Großfamilie am 1. Januar zum „Neujahranwünschen" bei uns zum Kaffee einfand. „Ha, do hosch brauchd!" war dann ihr regelmäßiger Kommentar. Mit diesem Halbsatz, den sie dann verebben ließ, verbunden mit der entsprechenden Betonung, brachte sie ihre ganze Einstellung zum Thema „Feste und Feiern" zum Ausdruck: Das war kropfunnötig – schade um die Zeit und ums Geld!

Trotzdem haben wir Jungen an ihrem achtzigsten Geburtstag ein Fest für sie ausgerichtet. Und ich glaube, das war trotz allem gut so, denn im Nachhinein erwies sich dieses Fest als Schlußpunkt eines Lebensabschnitts. Wenige Tage nach dem Geburtstag starb mein Schwiegervater, und mit der Ahne ging es ebenfalls bergab. Sie war sehr nervös und zittrig geworden, konnte oft den Stuhlgang nicht mehr halten. Da mußten wir öfters sagen: „Ahne, zieh auch deine Strümpfe aus." Sie lebte jetzt ganz allein in ihrem Haus. Wir haben oft nach ihr geschaut und auch das Essen gebracht. Die Töchter nahmen die Wäsche mit.

Eines Morgens im Herbst, drei Monate nach dem Tod des Ähne, fanden wir die Ahne völlig hilflos und mit großen Schmerzen vor ihrem Bett liegend. Wie lange sie da schon gelegen hatte, konnte sie nicht sagen. Wir brachten sie ins Krankenhaus, und dort wußten die Ärzte gar nicht, was sie zuerst tun sollten: Der Oberschenkelhals war gebrochen, sie hatte einen Darmverschluß, ihr Allgemeinzustand war denkbar schlecht. Sie war verwirrt und flehte meinen Mann an, er solle sie auf den Buckel nehmen und nach Hause tragen. Ein Vierteljahr lag sie im Krankenhaus und war dem Tod mehrmals sehr nahe. Zeitenweise haben wir deshalb auch bei ihr gewacht. Sie kämpfte sich in dieser Zeit durch drei Operationen und mehrere Lungenentzündungen.

Als sich ihr Zustand zunehmend stabilisierte und abzusehen war, daß sie in Kürze aus dem Krankenhaus entlassen würde, stellte sich die Frage, wie es weitergehen sollte. Aufgrund meiner Vorerfahrungen machte ich den Vorschlag, daß die Geschwister die Pflege der Ahne im monatlichen Wechsel übernehmen sollten. Mit diesem Vorschlag waren meine Schwägerinnen einverstanden.

Nach der Entlassung war bei uns die erste Pflegestation der Ahne. Wir hatten ihr ein Zimmer mit Krankenbett und Nachtstuhl eingerichtet, und zweimal am Tag kam eine Schwester vorbei. Am Anfang war es eine richtige Intensivpflege. Aber auch jetzt kamen die Zähigkeit und Willenskraft der Ahne wieder zum Tragen und sie machte gute Fortschritte. Bald konnte der Katheter weggelassen werden, sie mühte sich wieder aus dem Bett und hat sogar das Gehen neu gelernt. Dieser Genesungsprozeß war ein richtiges Erfolgserlebnis für mich. Ich wollte sie nach vier Wochen gar nicht hergeben, weil ich befürchtete, ein Wechsel zu diesem Zeitpunkt könnte den Genesungsprozeß zurückwerfen. Außerdem hatten wir ihr den Modus mit dem monatlichen Wechsel noch gar nicht unterbreitet. Am Anfang war sie so schlecht dran, daß man gar nicht mit ihr darüber reden konnte, und nachher hatten wir irgendwie eine Scheu davor. Diese Scheu erhielt auch noch Nahrung durch Kommentare von Außenstehenden wie: „Ach, dann schiebt ihr eure Ahne so von einem zum andern herum." Als ich schließlich nach achtwöchigem Aufenthalt bei uns ihre Sachen zusammenpackte und sie mich fragte, was ich denn da herumstöbere, mußte ich ihr notgedrungen erklären, was Sache war. „Das ist mir aber wie Dreck fressen!" war ihr spontaner Kommentar.

Vor den monatlichen Umzügen war sie immer schrecklich aufgeregt, aber wenn sie dann mit Matratze, Nachtstuhl und Bettgalgen (diese Dinge wanderten immer mit) wieder in ihrer neuen Umgebung eingerichtet war, war es recht. Der Wechsel bedeutete ja auch eine Abwechslung für sie. Sie bekam reihum Einblick in die Freuden und Sorgen ihrer Kinder und deren Familien, durfte das Wachsen und Gedeihen von Enkeln und Urenkeln miterleben. Letzteres war, glaube ich, der erfreulichste Aspekt ihrer letzten Lebensphase. Jetzt, da sie in keinem Arbeitsprozeß mehr steckte, konnte sie sich auch auf die Kinder einlassen.

Unsere fünf Kinder haben die Ahne gern gemocht, fanden es gut, daß sie bei uns war und machten uns bittere Vorwürfe, als wir uns schließlich dazu durchrangen, sie ins Altersheim zu geben. Die beiden Großen waren auch bereit, die Ahne zu versorgen, wenn ich und mein Mann mal weg wollten. Die Kleinen waren oft bei ihr im Zimmer, haben ihr was vorgesungen und erzählt, und sie wies die Kinder in die Kunst des Kartenspielens ein. Daß sie an den Kindern so eine Freude hatte, war auch für mich eine schöne Erfahrung mit ihr. Da hat sich wirklich etwas verändert. Vor allem gab es jetzt keine Sonntags- und Werktagsenkel mehr!

Schwer tat ich mich mit ihrer Dominanz und ihrer Verfügungsgewalt über mich, die in veränderter Form weiterbestand beziehungsweise auflebte. In den ersten Wochen sollte sie noch nicht ohne Hilfe aus dem Bett, weil sie noch so wackelig war. Ich gab ihr dann eine Glocke, um sich Gehör zu verschaffen. Einmal hatte ich kaum das Klingeln vernommen, als es auch schon einen Schlag tat. Sie war gefallen, weil sie nicht erwarten konnte, bis ich kam. Und ich stand wieder da mit meinem alten schlechten Gewissen, nicht schnell genug zu sein.

Auch die Krankenschwester hat sie bald weggeschickt. Aus der Intensivpflege war innerhalb eines Vierteljahres eine Versorgung der Ahne geworden. Aber die Grundpflege am Vormittag, die absolut notwendig war, um die Ahne in einem gepflegten Zustand zu erhalten, und die wir die ganzen Jahre beibehielten, hätte durchaus von einer Krankenschwester durchgeführt werden können. Ich fand es bedauerlich, daß keine Schwester mehr ins Haus kam. Sie gab mir Bestätigung für meine Arbeit, und bei ihr konnte ich auch mal „abladen." Aber nachdem die Ahne wieder aufstehen konnte, fand sie die Schwester „nicht mehr nötig". Außerdem kam die Schwester nicht auf die Minute genau ins Haus, und das konnte die Ahne nicht ertragen.

Auch auf ihren festen Essenszeiten hat sie beharrt: 8.00 Uhr Frühstück, 10.00 Uhr Zweites Frühstück, 11.30 Uhr Mittagessen, 16.00 Uhr Kaffeetrinken. Da hatte der Tag auch für mich ein ganz enges Korsett. Da die Ahne sehr zittrig war, mußte sie gefüttert werden, und da konnte es nie schnell genug gehen. Wenn ich mich mal nebenher mit jemandem unterhalten habe und das Tempo etwas verlangsamte, gab sie mir geschwind einen Puffer, damit ich kapierte. Nun ja – es hatte natürlich auch den Vorteil, daß das Essen nicht lange dauerte und ich mich rasch wieder meinen anderen Aufgaben zuwenden konnte.

Eine Ausnahme von den festen Zeiten ließ sie allerdings gelten, und das war die Weinlese. Das ist bei uns im Dorf Haupterntezeit, und seit Generationen muß für vier Wochen alles hintangestellt werden. Früher war das bestimmt noch ausgeprägter. Da sagte die Ahne von sich aus: „Ihr braucht nicht auf die Zeit zu kommen." Zweimal hat sie sogar akzeptiert, daß wir sie während der Weinlese in die Kurzzeitpflege gaben. Gefallen hat es ihr dort aber überhaupt nicht.

Wenn es ihr gut ging und das Wetter schön war, haben wir sie gelegentlich aufs Feld mitgenommen. Das war mir aber dann doch nicht so recht, denn sie wollte gleich wieder reinschwätzen und bestimmen, wie die Arbeit gemacht werden sollte. Daß wir auch ohne sie die Baumwiesen und die Weinberge bewirtschaften – das hatte sie sich sowieso nie vorstellen können. „Wer wird auch mal, wenn ich nicht mehr kann!" hat es immer geheißen.

Die meiste Zeit verbrachte sie in ihrem Zimmer. Sie hat viel in ihrem Großdruckgesangbuch gelesen und Kassetten gehört, zum Beispiel vom Sonntagsgottesdienst. Und dann bekam sie auch Besuch. Mir war es immer am liebsten, wenn die Besucher gruppenweise kamen. Da ging es auch mal lustig zu, wurde gesungen und gelacht. Wenn einzelne kamen, hatte ich oft den Eindruck, daß die Ahne dann arg ins Klagen, Jammern und Lamentieren verfiel. Mit den Jahren sind die Besuche aber weniger geworden, denn immer wieder ist ein Altersgenosse gestorben. Und oft konnte sie dann sagen: „Oh wenn ich nur auch sterben dürfte." „Du mußt halt warten, bis deine Zeit gekommen ist," antworteten wir dann.

Ging es ihr aber zwischendurch schlecht, reagierte sie immer sehr panisch. Vor allem mit ihrem Stuhlgang hat sie uns manchmal ganz verrückt gemacht. Wenn er nicht auf die Zeit genau kam und nicht dem von ihr erwarteten Umfang entsprach, war sie an manchen Tagen nicht von diesem Thema abzubringen.

Essen und Trinken stellten sich ebenfalls als konfliktträchtige Gratwanderung dar. Zum Trinken hatte sie gar keine Lust, und wenn wir sie drängten, hat sie uns ein Schnippchen geschlagen, was aber nicht immer unerkannt blieb. So brachte uns der Nachbar öfters den Deckel der Schnabeltasse, der versehentlich mit dem Getränk hinausgeflogen war. Oder einmal dachten wir: „Was muffelt denn hier im Zimmer?" – bis wir dahinter kamen, daß sie den Tee in den Heizungsbefeuchter geschüttet hatte.

Auf Süßes war sie geradezu gierig, und am liebsten hätte sie sich ausschließlich von Kuchen und Keksen ernährt. An meinem Essen hat sie dann oft nur noch genippt. „Heute brauchst mir nicht viel zu bringen – ich habe keinen Hunger" hieß es. Dafür jammerte sie dann wieder umso lauter über ihre Verdauungsprobleme. Das hat mich auf die

Dauer sehr zermürbt, wenn ich ihr was Gutes tun wollte und sie meine guten Absichten dann offen oder versteckt hintertrieben hat. Meinen Schwägerinnen ging es übrigens genauso – die hatten mit diesem Problem auch zu kämpfen. Also, wenn ich die Pflege hätte die ganzen acht Jahre alleine machen müssen, das hätte ich wahrscheinlich nicht durchgehalten.

Aber da die vier Wochen ein überschaubarer Zeitraum waren und ich die nächsten zwei Monate wieder tun konnte, wie ich wollte, belastete mich die Versorgung der Ahne nicht über die Maßen. Schön war, wie sie sich vor dem Wechsel regelmäßig bei mir verabschiedete. Sie hielt dann meine Hand ganz fest und sagte: „Ich danke dir für alles, was du für mich getan hast." Das sagte sie nicht so leichthin, sondern es kam wirklich aus dem Herzen. Da hat sie mich manchmal richtig beschämt.

Meine Schwägerinnen empfanden die Situation wohl belastender. Die ältere Schwester meines Mannes redete bereits seit Jahren immer mal wieder vom Altersheim. Als die jüngere Schwester dann gesundheitlich angeschlagen war, sah auch sie sich der Aufgabe nicht mehr gewachsen. So ist die Front immer mehr gebröckelt. Als uns ganz überraschend in einem nahegelegenen Altersheim ein Einzelzimmer für die Ahne angeboten wurde und sich der Gesundheitszustand meiner jüngeren Schwägerin immer mehr zuspitzte, willigten mein Mann und ich schließlich auch ein, die Ahne ins Heim zu geben.

Uns allen war klar, daß die Ahne von sich aus niemals ins Altersheim gehen würde. Eine weitläufige Verwandte hatte nach der Einweisung ins Heim mit Nahrungsverweigerung reagiert, und die Ahne hatte immer gesagt: „Wenn ihr mich mal ins Heim tut, dann mach ich's wie die Marie." So liefen nun alle wie die Katze um den heißen Brei, und niemand wollte ihr reinen Wein einschenken. Als der Tag der Übersiedlung schließlich nahte, mühten sich zwei Basen der Ahne, ihr den Stand der Dinge nahezubringen. Als die beiden unter anderem mit dem schlechten Gesundheitszustand der Tochter argumentierten, rief die Ahne aus: „Ach, das ist ja schlimm. Jetzt ist meine Berta noch so jung und muß schon ins Heim!" Das war irgendwie bezeichnend: Die Ahne konnte sich wohl alles vorstellen, nur nicht, daß sie selbst es war, die ins Heim sollte. Und ihre Umgebung war unfähig, ihr die

Wahrheit zu sagen. So wurde schließlich noch zu einer Halbwahrheit bis Notlüge gegriffen. Man sagte der Ahne, sie müsse ins Krankenhaus, beruhigte sein Gewissen damit, daß dieses Pflegeheim das ehemalige Krankenhaus war. Aber die Ahne war ja noch bei Verstand und hat das ganze Theater schließlich doch durchschaut. Als sie an die Pforte gebracht wurde, sagte sie klar und deutlich: „Aber hier steht doch Alters- und Pflegeheim."

Außer ihren Kleidern hat die Ahne nichts ins Heim mitgenommen. Aber dort mußte sie noch ihr Kopftuch ablegen. Ihr Kopftuch – das hat sie immer aufgehabt. Ohne Kopftuch konnte man sie sich gar nicht vorstellen. Das hat ihr wohl Schutz und Hülle gegeben und es war ein Attribut aus ihrer Zeit als Bäuerin. Es hat mir wehgetan, als ich hörte, daß ihr dieses Letzte auch noch genommen worden ist.

Aber die Ahne schien sich in ihr Schicksal zu fügen. Sie verweigerte die Nahrungsaufnahme nicht. Sagte, sie habe ein schönes Zimmer. Machte keine Vorwürfe. Freute sich über den Besuch von Kindern, Enkeln und Urenkeln. Besonders über letztere.

Und dann starb sie nach vier Tagen im Heim an Herzversagen.

An gebrochenem Herzen? Wäre sie zu Hause auch gestorben? Da hatten wir sie acht Jahre zu Hause, und jetzt haben wir sie zum Sterben weggegeben!

Diese Fragen und Vorwürfe trieben mich um und um. Der Tod meiner Schwiegermutter hat mich mehr mitgenommen als der Tod meiner eigenen Mutter zwei Jahre zuvor. Damals hatten meine Schwester und ich das Gefühl, gemeinsam mit unserer Mutter zu einem guten und würdigen Abschluß gekommen zu sein. Bei der Beerdigung meiner Schwiegermutter war ich beherrscht von dem Gefühl, am Pranger zu stehen. Daß wir sie weggegeben haben und uns nun dafür anschauen lassen müssen!

Obwohl die Ahne achtundachtzig Jahre alt war, und das ist ja wirklich ein hohes Alter, bin ich über diesen Tod nur ganz schwer weggekommen.

„Beim Tod meines Vaters war alles so einfach, so stimmig und natürlich."

Nina, 45 Jahre; alleinstehend; Lehrerin; absolviert zur Zeit eine Zusatzausbildung; während der akuten Phase der Krebserkrankung ihres Vaters, entlastete sie ihre Mutter durch regelmäßige Besuche bei den Eltern.

Ich traf Nina wenige Tage nach der Beerdigung ihres Vaters. Sie stand noch ganz unter dem Eindruck alldessen, was sie in den letzten Wochen und Monaten mit ihrem Vater erlebt hatte und sie vermittelte mir das Gefühl, daß die Art und Weise der Verabschiedung von ihrem Vater eine sehr beglückende Erfahrung gewesen sein mußte. Dadurch neugierig geworden, bat ich sie um ein Gespräch.

Wir hatten es als Kleinfamilie lange Zeit sehr schwer miteinander. In meiner Kindheit und Jugend erlebte ich meinen Vater als strengen, abweisenden Mann, vor dem ich auch oft Angst hatte. Ich war ein richtiges „Mamakind" und nahm auch alle familiären Konflikte aus Mutters Perspektive wahr.

Mein Vater war als Neunzehnjähriger, gleich nach dem Abitur, zum Arbeits- und Militärdienst eingezogen worden. So stand er bei Kriegsende, bereits siebenundzwanzig Jahre alt, ohne Ausbildung und berufliche Perspektive da. Nachdem sein Bruder im Krieg gefallen war, half er in der väterlichen Schlosserei mit und studierte außerdem in Tübingen philologische Fächer. Zweimal mußte er wegen einer kriegsbedingten Tuberkulose für längere Zeit ins Sanatorium.

Auch als ich geboren wurde, war mein Vater im Sanatorium, und die ganze Last lag auf den Schultern meiner Mutter. Sie sorgte sich sehr um mich, zumal ich zwei Monate zu früh auf die Welt gekommen war und in den Brutkasten mußte. In dieser Zeit verdiente sie als Technische Zeichnerin das Geld, um die Familie durchzubringen. Ich glaube, daß mein Vater seinen Status des „Ist nichts – hat nichts – tut nichts" als schwere Demütigung erlebte, die dadurch noch eine

Steigerung erfuhr, daß wir bei der Oma mütterlicherseits im Haus lebten. Überhaupt hatte ich den Eindruck, daß wir gar keine richtige Gemeinschaft bildeten, sondern daß sich jeder Elternteil stärker seiner angestammten Familie zugehörig fühlte als dem Ehepartner.

Nachdem in den ersten Ehejahren meine Mutter fürs Geldverdienen zuständig war und wir bei ihrer Mutter wohnten, wendete sich nach einigen Jahren das Blatt – einfacher wurde es allerdings nicht. Mein Vater hatte inzwischen eine feste Anstellung als Redakteur gefunden, und er drängte meine Mutter, mit ihrer Berufstätigkeit aufzuhören. Sie, die zuvor die Familie ernährt hatte, mußte nun plötzlich um Geld bitten und ein Haushaltsbuch führen. Erschwerend für sie kam noch hinzu, daß wir mittlerweile in das väterliche Elternhaus umgezogen waren, weil mein Vater der Meinung war, er könne seine Mutter nach dem Tod ihres Mannes nicht allein lassen. So kam es, daß meine Mutter zum Beispiel unter Anleitung ihrer Schwiegermutter das Gärtnern erlernen mußte. Während meine Mutter die Beete anlegte, schaute meine Oma oben zum Fenster 'raus und brachte ihre Kritik zum Ausdruck.

Außerdem waren die Wohnverhältnisse im neuen Domizil noch beengter, und ich litt sehr unter den Spannungen der Erwachsenen untereinander. Wenn mein Vater von der Arbeit nach Hause kam, ging er oft erst zu seiner Mutter und bekam dort die Tageskonflikte aus ihrer Sicht geschildert. Erschien er dann bei uns, hing der Haussegen schon bei seinem Eintritt in die Tür schief. Darum flüchtete ich in die Schule – meist war ich schon eine halbe Stunde vor Unterrichtsbeginn da. Außerdem übernahm ich früh allerlei Funktionen, die mir in der Schule ein Gefühl von Zugehörigkeit vermittelten.

Wie gesagt, habe ich lange Zeit alle Familienkonflikte aus der Perspektive meiner Mutter wahrgenommen. Als ich schon ungefähr neunzehn Jahre alt war, kam mir erstmals der Gedanke, meine bisherige Sicht der Dinge könnte vielleicht doch etwas einseitig sein. Als ich dann von zu Hause weg war, hatte ich auch ein – sagen wir mal – „normales" Verhältnis zu meinem Vater. Es herrschten zwar keine Spannungen, aber auch kein besonders herzliches Verhältnis. Ich habe nicht mehr gelitten, aber mir doch immer noch etwas anderes gewünscht von meinem unnahbaren, strengen Vater.

Ja – und eigentlich hat mir erst die Erkrankung meines Vaters einen echten Kontakt zu ihm eröffnet. Vor sechs Jahren wurde bei ihm, er war damals einundsiebzig, ein Prostatakarzinom festgestellt. Nach einer Operation hat er bis vor einem Jahr ganz frei von Beschwerden gelebt. Er war körperlich und geistig vollkommen beweglich, konnte seine Baum- und Waldstückle pflegen und hat auch während seines Ruhestandes immer noch für die Redaktion gearbeitet. Ich glaube, meine Eltern hatten noch schöne Jahre miteinander – haben im Schatten der Krankheit die Kostbarkeit der gemeinsamen Zeit begriffen. Sie haben vieles gemeinsam unternommen, sind gereist und gewandert.

Bei diesen Wanderungen haben meine Eltern auch die schön geschmiedeten Grabkreuze auf den Südtiroler Friedhöfen entdeckt. Mein Vater, Sohn eines Schlossers, war begeistert von diesem Kunsthandwerk und hat dann vor etwa zwei Jahren einem Handwerker in Brixen den Auftrag gegeben, nach seinen Vorstellungen ein Grabkreuz zu schmieden. Zwei Monate vor seinem Tod habe ich dieses Grabkreuz in Brixen abgeholt, und damals wurde mir klar, wie sehr sich mein Vater die ganzen Jahre seiner in ihm schlummernden Krankheit bewußt war, wie er versucht hat, seinen Nachlaß zu ordnen und sich auf sein Ende vorzubereiten.

Auch seine Todesanzeige, die er bereits selbst formuliert hatte, brachte diese Haltung zum Ausdruck. Als Leitsatz hat er Jesaja 43, 1 ausgesucht und so verkürzt: „Ich will mich nicht fürchten, denn ER hat mich bei meinem Namen gerufen." Schon am Vorabend seiner Operation vor sechs Jahren hat mein Vater drei Abschiedsbriefe geschrieben: einen für meine Mutter, einen für seine Schwester und einen für mich. Darauf werde ich später nochmals zurückkommen. Aber auch in ganz weltlichen Dingen hat er vorgesorgt. So hat mein Vater in den letzten Jahren alles, was am Haus zu tun war, in Angriff genommen: Fenster und Haustüre ließ er erneuern, außerdem hat er eine neue Gaszentralheizung einbauen lassen. Er wollte, daß alles in Ordnung ist, wenn er meine Mutter alleine zurück läßt. Als es meinem Vater schon ziemlich schlecht ging, hat er uns seine Ordner mit wichtigen Papieren gezeigt und eine Liste mit Telefonnummern und Namen gegeben, die wir in seinem „Todesfalle", wie man auf bürokratendeutsch sagt, zu benachrichtigen hätten. Er hatte an alles gedacht, und diese Vorarbeit war dann für meine Mutter und mich eine große Erleichterung.

Irgendwann hatten sich meine Eltern über Möglichkeiten der „Humanen Sterbehilfe" kundig gemacht. Auch mit mir hat mein Vater darüber geredet, und damals habe ich ihm versprochen, ihn nicht im Stich zu lassen, wenn es zum Beispiel darum ginge, ein entsprechendes Medikament zu besorgen. Zu diesem Zeitpunkt war ich überzeugt, daß dies ein Weg wäre, mit Würde aus dem Leben zu gehen. Später war ich sehr froh, daß mein Vater nie ernsthaft auf diese Möglichkeit zurückgekommen ist. Als er bereits unter großen Schmerzen litt, sagte er einmal zu mir: „Ich sollte eine Pistole haben, dann wär's vorbei." Aber zu diesem Zeitpunkt hatte er bereits für sich entschieden, daß er diesen Weg eigentlich nicht gehen wollte. Das hat ein ehemaliger Kollege in seinem Nachruf auf meinen Vater dann so formuliert: „Er ertrug seine Krankheit in christlicher Leidensbereitschaft."

Vor einem Jahr hatte mein Vater zum ersten Mal eindeutige Beschwerden. Damals hatte er in seinem Waldstückle Stämme gerebbelt. Anschließend litt er unter starken Schmerzen in der Hüfte. Wir dachten zunächst, er hätte sich bei der Arbeit „übermacht". Aber diese Schmerzen rührten nicht von der Arbeit im Wald her, sondern es hatten sich inzwischen Knochenmetastasen gebildet. Dieser endgültige Ausbruch der Krankheit, die rasante Verschlechterung seines Gesundheitszustandes, waren für mich ein Schock; sie ermöglichten aber immer wieder eine Nähe zu meinem Vater, wie ich sie zuvor nie gekannt hatte.

Begonnen hat die Verschlechterung eigentlich schon Ende des vorherigen Jahres, als die Blutwerte zum ersten Mal nach der Operation deutlich schlechter ausfielen. Damals brachte ich meinem Vater den Vortrag „Krankheit als Chance" von Wolf Büntig, sowie Buch und Kassette von O. C. Simonton „Wieder gesund werden". Mit diesen Kassetten, bei denen der Kranke durch Entspannungsübungen und innere Bilder versucht, sein körpereigenes Abwehrsystem zu mobilisieren, hatte ich selbst schon gearbeitet. Eigentlich hatte ich damit gerechnet, daß mein Vater diese Gedanken und Methoden völlig ablehnen würde, aber wir hatten gute Gespräche über die Thesen des Vortrags und des Buches. Sogar die Imaginationsübungen hat er regelmäßig gemacht. In dieser Zeit konnte ich ihm auch zum ersten Mal sagen, wie unnahbar streng und fremd er mir als Kind immer war. Er reagierte mit großer Betroffenheit, war aber dankbar für unser Gespräch.

Im April letzten Jahres, als wir den Befund von den Knochenmetastasen schon hatten, rief ich einmal bei meinen Eltern an. Als ich telefonisch niemanden erreichte, fuhr ich Hals über Kopf und in ziemlicher Panik zu ihnen. Dort angekommen, betrat ich das Haus durch den Keller, und ich fand meinen Vater im Wohnzimmer im Halbdunkel sitzend. Ich ging weinend auf ihn zu und sagte, daß ich solche Angst um ihn gehabt hätte. Mein Vater hat auch geweint, und sein Gesicht war ganz offen. Noch nie hatte ich ihn so gesehen, und er sagte zu mir: „Wie schön, daß du gekommen bist." Eine Nähe wie in diesem Augenblick hatte ich zuvor nie gespürt.

Mein Vater hat dann eine Chemotherapie gemacht. Das war eine schlimme Zeit, und als sich zeigte, daß sich die Blutwerte nicht besserten, brach er die Therapie nach sechs Wochen ab. Vor dem Abbruch hat er mit mir darüber gesprochen, und ich habe ihn auch darin bestärkt aufzuhören. Voller Hoffnung begann mein Vater einige Wochen später eine Bestrahlungsbehandlung. Er glaubte nicht an eine Heilung, hoffte aber doch auf eine Stabilisierung seines Zustandes. Diese Hoffnung hat ihn einige Wochen wirklich getragen.

Aber trotz Chemotherapie und Bestrahlung verschlechterte sich der Zustand meines Vaters rapide. Zur Zeit der Kirschenernte sind wir mal zu dritt aufs Stückle gefahren. Damals konnte er noch autofahren, mußte aber untätig im Auto sitzen bleiben, was sehr deprimierend für ihn gewesen sein muß. Er hatte ständig Schmerzen und war in seiner Bewegungsfähigkeit stark eingeschränkt. Auch Leute, die ihn nur gesund und kräftig kannten, reagierten erschrocken auf seinen raschen körperlichen Verfall. Mein Vater wollte dann gar nicht mehr unter die Leute und hat, als er ganz ans Haus gefesselt war, Besucher kaum ertragen. Er hatte keine Lust, seine Krankheit zum Gesprächsthema zu machen, und nur ganz wenige Menschen durften ihn besuchen.

Mir gegenüber hat er noch lange eine Scham in körperlichen Dingen bewahrt. Als er, bereits halbseitig gelähmt, in seinem Krankenbett lag, machte ich eines Tages, als die Krankenschwester und meine

Mutter begannen, die Urinflasche zu wechseln und ihn zu waschen, wieder Anstalten, aus dem Zimmer zu gehen. Da signalisierte mir mein Vater, daß ich ruhig dableiben könne – die Scham war nun, da er so ganz hilflos war, abgelegt.

Ich kann gar nicht sagen, wie sehr mich der zerbrechliche und abgemagerte Körper meines Vaters angerührt hat. Sein Gesicht war so empfindsam, so zart. Wahrscheinlich war dieses Zarte, dieses Empfindsame immer versteckt dagewesen, und erst jetzt offenbarte es sich mir.

Meine Mutter hat meinen Vater sehr fürsorglich und ganz selbstverständlich gepflegt. Es war nie ein Thema, daß er nicht zu Hause bleiben konnte. So war meine Mutter das letzte halbe Jahr mit Vaters Pflege und Versorgung Tag und Nacht gefordert. Und mein Vater, von der Natur mit einer trockenen Haut bedacht, hat, glaube ich, noch nie eine so weiche, gepflegte Haut gehabt wie in dieser letzten Zeit.

Bereits im September, als mein Vater noch täglich aufgestanden ist, sich jedoch ohne Hilfe nicht mehr vom Sofa erheben konnte, war meine Mutter mal kurz in der Stadt, um etwas einzukaufen oder jemanden zu besuchen. Als sie nach Hause kam, war er außer sich, weil es ihm in seiner Hilflosigkeit vorgekommen war, als hätte sie ihn stundenlang alleine gelassen. So war es gut, daß ich alle paar Tage zu ihnen kam und meine Mutter doch stundenweise entlasten konnte. Ich bin gern und aus freien Stücken gekommen, weil ich die Nähe meines Vaters suchte. Damit er seine Schmerzen aushalten konnte, war es wichtig, den Medikamentenspiegel auf einem gleichmäßigen Niveau zu halten, und deshalb ist meine Mutter jede Nacht mindestens einmal zu einer bestimmten Uhrzeit aufgestanden, um meinem Vater das Schmerzmittel zu verabreichen.

Auch mit dem Essen hat sie sich viel Mühe gegeben. Immer kochte sie, was er gerne gegessen hat, aber immer öfter war es vergebliche Liebesmüh. Denn erstens hatte mein Vater immer weniger Appetit, und zweitens wollte er in der letzten Zeit nichts mehr essen. Da hat er einmal zu mir gesagt: „Am besten, ich tät überhaupt nichts mehr essen – dann wär's am schnellsten aus." Manchmal, wenn meine Mutter ihn dann drängte, mehr zu essen und ihn sozusagen „fütterte", konnte ich das nur schwer mit ansehen.

Wesentlich für uns war die Begleitung meines Vaters durch den Hausarzt und die Krankenschwestern, die in den letzten zwei Monaten zweimal täglich kamen, um meine Mutter bei der Pflege zu unterstützen. Ich glaube, sie alle haben meinen Vater gern gemocht, weil er trotz seiner Schmerzen immer noch humorvoll und selbstironisch sein konnte. Im Hinblick auf seine Verdauungsprobleme meinte er, der früher zwar nicht Weltprobleme, aber doch immerhin an maßgeblicher Stelle die Geschicke einer Universitätsstadt redaktionell begleitet hatte, einmal zum Hausarzt: „Jetzt ist bei mir der Inhalt der Nachtschüssel zum Thema Nummer eins geworden." Der Arzt und die Schwestern kannten und respektierten auch den Wunsch meines Vaters, zu Hause und ohne lebensverlängernde Maßnahmen sterben zu wollen. Ich glaube, sie haben sich deshalb auch in einem besonderen Maß für uns verantwortlich gefühlt. Sowohl der Arzt als auch die Schwestern boten an, daß wir sie jederzeit außerhalb der Sprech- und Arbeitszeiten zu Hause anrufen dürfen.

Die Advents- und Weihnachtszeit stand dann unter einem besonderen Stern für uns. Mein Vater hat zu mir gesagt: „Es wäre schön, wenn du am ersten Advent da sein könntest." Es war außergewöhnlich, daß er mich so direkt um etwas bat. Angeregt durch ein Konzert in der Stiftskirche, nahm ich in der Adventszeit mehrmals Vaters Gesangbuch zur Hand und sang ihm etwas vor. Dabei entstanden durch unsere innere Berührung Situationen von großer Nähe und Stimmigkeit, was auch die Lieder widerspiegeln, die wir ausgewählt haben: „So nimm denn meine Hände" und „Fröhlich soll mein Herze springen". Ein anderes Lied, „Hirte deiner Schafe", früher das Abendgebet meiner Großmutter, wollte mein Vater auch mehrmals vorgelesen haben. Diese Lieder, die in den letzten Wochen seiner Krankheit Bedeutung für meinen Vater hatten, haben wir später für die Beerdigung ausgewählt.

Am Nachmittag des 24. Dezember, während ich im Krankenzimmer, wo wir gemeinsam den Heiligen Abend verbringen wollten, den Christbaum schmückte, fiel mir auf, daß mein Vater verschleimt war und nicht abhusten konnte. Als es Zeit zur Bescherung war, sagte mein Vater, daß er müde sei und schlafen wolle. So saßen meine Mutter und ich traurig und alleine im Wohnzimmer unterm Christbaum. Am Ersten

Weihnachtstag war mein Vater dann stark verschleimt. Die Schwester rief den diensthabenden Arzt an. Von der Küche aus schnappte ich einzelne Brocken des Telefonats auf wie „...Prostatakarzinom im Endstadium...Lungenentzündung...". Der Arzt fragte, ob wir eine Einweisung ins Krankenhaus wollten, was meine Mutter ablehnte. Er kam dann ins Haus, sprach lange mit meinen Eltern und verschrieb schließlich ein Antibiotikum. Dieses holte ich in der Apotheke, aber es war unmöglich, die Kapseln meinem Vater zu verabreichen, weil er nicht mehr schlucken konnte. In dieser Situation waren wir sehr ratlos und riefen schließlich den Hausarzt an. Wir haben ihn beim Festessen mit seiner Familie und seinen Eltern gestört, und meiner Mutter tat dies ausgesprochen leid. Aber für ihn war es kein Problem, und er kam zu uns. Er brachte ein pulverförmiges Antibiotikum mit, das wir meinem Vater einflößen konnten. Danach fühlte ich mich irgendwie beruhigt und erleichtert, und abends bin ich nach Hause gefahren.

Am anderen Morgen wurde ich gegen sechs Uhr vom Klingeln des Telefons aus dem Schlaf gerissen. Ich stürzte aus dem Bett, und augenblicklich war mir klar: „Jetzt ist es soweit." Als meine Mutter nachts um drei Uhr nach meinem Vater geschaut hatte, fand sie ihn in kaltem Schweiß gebadet. Gegen vier Uhr dreißig hatte sie die Krankenschwester gerufen und danach mich.

Als ich bei meinem Vater war, spürte ich, daß er sterben würde. Das verschleimte Atemgeräusch war weg. Seine Augen waren nach oben gerichtet. Wenn wir ihn ansprachen, wanderten sie nach unten. Auf Fragen nickte er noch und sagte leise „ja" oder „nein". Als die Schwester zu ihm sagte: „Herr A., das ist aber schön, daß Ihre Frau und Ihre Tochter da sind", antwortete mein Vater mit einem aus dem Herzen kommenden deutlichen „Ja".

Meine Mutter und ich blieben abwechselnd bei meinem Vater am Bett sitzen, und sein Atem wurde immer flacher. Während ich bei ihm saß, hat mich das Gesicht meines Vaters stark beeindruckt, und ich mußte es immer wieder anschauen. Es war so gelöst und weich. Ich hatte den Eindruck, für meinen Vater wird jetzt alles schöner, heller, freundlicher. Er geht jetzt wo hin, wo es besser für ihn ist. Aus diesem Gefühl heraus stimmte ich nochmals das Lied an: „Fröhlich soll mein

Herze springen". Als ich um zwölf Uhr die Glocken von der Stiftskirche herüber läuten hörte, öffnete ich das Fenster, und ich glaube, ein Teil von meinem Vater ist mit dem Glockenklang davongeflogen. Sein Atem wurde immer noch flacher, er stockte, atmete noch einmal, dann war auch der Puls am Hals nicht mehr zu sehen.

Mir fehlen die Worte, aber alles war so einfach, so stimmig und natürlich. Es gab keinen Bruch, kein Erschrecken, keine Panik. Als die Schwester kam, band sie meinem Vater das Kinn hoch, faltete seine Hände und sprach ein Gebet mit uns. Alles geschah ganz selbstverständlich. Es gab nichts, was in Eile getan werden mußte, wir haben meinen Vater einfach so auf seinem Bett liegen lassen.

Meine Mutter und ich haben dann noch einmal Tee bei ihm getrunken, und meine Mutter holte die Briefe, die mein Vater damals am Vorabend seiner Operation geschrieben hatte. Das war überhaupt das Wunderbarste für mich. Denn durch diesen Brief hat sich noch einmal Wesentliches für mich verändert. Mein Vater hat mir geschrieben, daß er sicherlich kein idealer Vater gewesen sei. Besonders deutlich sei ihm dies anhand eines Fotos aus meiner Kinderzeit geworden, auf dem ich so ängstlich zu ihm aufschaue. Trotzdem habe er es immer gut mit mir gemeint, was aber wahrscheinlich nicht gereicht habe. Er könne die Ursachen nicht ergründen, es aber auch nicht mehr ändern. Er hoffe nur, daß ich großherzig genug sei, ihm zu verzeihen. Er schrieb, er sei stolz auf mich, daß ich geworden sei, wie ich bin, obwohl er wenig dazu beigetragen habe. Weiter schrieb er, ich solle meine Mutter, die jetzt nur noch mich habe, großzügig unterstützen, wenn sie es braucht.

Man kann sich kaum vorstellen, welche Bedeutung dieser Brief für mich hat. Oft habe ich jetzt das Gefühl, mein Vater steht stärkend hinter mir. Immer wieder habe ich mich in den letzten Wochen gefragt, weshalb diese Nähe nicht möglich war, solange er lebte. Aber vielleicht ist es so, daß der Tod etwas nimmt, aber auch etwas gibt.

Am Abend seines Todestages haben die Turmbläser des Musikvereins meinen Vater vom Turm der Stiftskirche „abgeblasen", was für uns ein bewegendes Geschenk war. Möglich wurde dies, weil an diesem Feiertag alle Musiker erreichbar waren. Sie haben damit einen ganz alten Wunsch meines Vaters erfüllt. Früher, als in unserer Kleinstadt noch jeder jeden kannte, war es üblich, daß der Tod eines Gemeindeglieds durch das Blasen vom Turm mitgeteilt wurde. Dieser Brauch bedeutete für die Menschen ein kurzes Innehalten in ihrem Alltag, einander zu fragen, wer gestorben sei, und über den Toten zu reden.

Wir haben meinen Vater bis kurz vor der Beerdigung im Haus behalten. Nachbarn, Freunde und Verwandte sind gekommen und hatten Gelegenheit, sich von ihm zu verabschieden. Wie hat es mich angerührt, als ein alter Nachbar an das Bett trat und sagte: „Du hast es geschafft, Ernst."

Meine Mutter, die in den vergangenen Monaten so stark auf meinen Vater bezogen gewesen war, hörte ihn in diesen Tagen immer wieder rufen und ging dann zu ihm. Während seiner Bettlägrigkeit hatte sich mein Vater von seinem Krankenzimmer aus durch Klopfen mit einem Stock bemerkbar gemacht, wenn wir uns unten in der Küche aufgehalten haben. Dieses Klopfen hörte ich auch nach seinem Tod noch einige Male, ungefähr zwei bis drei Tage lang. Früher habe ich mal gehört, daß die Seele etwa so lange braucht, um sich aus dem Körper zu lösen. Dieses Rufen und Klopfen hatte aber nichts Erschreckendes für uns – es gehörte einfach wie bisher dazu, und wir sind dem Ruf immer selbstverständlich nachgegangen.

Zwei Stunden vor der Beerdigung haben die Bestattungsunternehmer meinen Vater in seinem Zimmer abgeholt. Sie waren erstaunt, daß er überhaupt keinen Leichengeruch verströmte. Ich denke, dies rührte zum einen von den winterlichen Temperaturen, und zum andern auch von Vaters äußerst spärlicher Nahrungsaufnahme in den letzten Wochen und Monaten her.

Über Bestattungsunternehmer herrscht ja landläufig die Meinung, daß es sich dabei um Typen handelt, die nur darauf aus sind, den Hinterbliebenen das Geld aus der Tasche zu ziehen. Wie angenehm überrascht war ich dann, mit welcher Offenheit unsere Ansprechpartner ganz selbstverständlich auf unsere Vorstellungen eingegangen sind und uns in unserem Wunsch, meinen Vater möglichst lange zu Hause behalten zu wollen, bestärkt haben. Darüber hinaus ergaben sich mit ihnen gute, einfühlsame Gespräche über Bestattungsrituale im allgemeinen und über ihre Arbeit im besonderen. Auch in diesem Punkt gewann ich einen neuen Blick der Dinge.

Die Beerdigung war nochmal ein großes Geschenk für mich. Es fügte sich, daß der Pfarrer, den mein Vater am meisten schätzte, die Predigt hielt. Neben dem Jesajawort, das mein Vater in abgeänderter Form für seine Todesanzeige gewählt hatte, nahm der Pfarrer noch den Trautext meiner Eltern als Grundlage für seine Ansprache. Dieser Text, den ich zuvor nicht gekannt hatte, erschien mir wie eine Kurzbiographie ihrer Ehe: „Dennoch bleibe ich stets bei dir, denn du hältst mich bei meiner rechten Hand und leitest mich nach deinem Rat und nimmst mich endlich in Ehren an."

Eine Offenbarung war für mich der Nachruf seines langjährigen Kollegen und Chefs. So differenziert und einfühlsam hatte ich noch nie jemanden von meinem Vater sprechen hören. Zu erfahren, wie andere die Ecken und Kanten meines Vaters wahrnahmen und verstanden, eröffnete mir einen neuen Blick für ihn und damit ein weiteres, beziehungsweise tieferes Begreifen seines Wesens. Dazu beigetragen haben auch die vielen Briefe, die wir von Weggefährten meines Vaters erhielten. Jeder Brief, jede Erinnerung führte ihn uns nochmals auf eine ganz besondere Art und Weise vor Augen, ließen ihn sozusagen wieder lebendig werden und zeigten uns die Wertschätzung, die er genossen hatte.

Aber auch die vielen Gespräche mit Leuten in den Tagen vor und nach der Beerdigung waren wie eine Erntezeit für mich. So viele facettenreiche Einzelheiten und Anekdoten von meinem Vater hatte ich vorher nicht gekannt. Nie im Leben wäre ich daraufgekommen, daß er als junger Mann einmal den Nikolaus gespielt haben könnte – mit einem Kaffeewärmer als Kopfputz!

„Trotz unserer oft schwierigen Beziehung sind wir zu einem guten Ende gekommen."

Vera, 40 Jahre, Lehrerin, verheiratet, zwei Kinder, lebte mit ihrer Familie bereits einige Jahre in Hausgemeinschaft mit der Mutter, als diese an akuter Leukämie erkrankte. Eineinhalb Jahre lang wechselten sich Krankenhausaufenthalte mit Phasen ab, in denen die Mutter zu Hause leben konnte. Auch ihre letzten Wochen bis hin zum Tod konnte sie dank der Hausgemeinschaft mit Vera und der Unterstützung und Pflege durch das „Tübinger Projekt für die häusliche Betreuung Schwerkranker" zu Hause verbringen.

Aufmerksam gemacht wurde ich auf Vera und ihre Mutter durch den Nachruf in der Lokalzeitung, in dem die Mutter als „lebenslang Suchende" charakterisiert wurde, stets offen für neue Erfahrungen. Daß sie detaillierte Vorstellungen für die Gestaltung ihrer Beerdigung hinterlassen und damit gleichzeitig eine Botschaft an die Lebenden überbracht habe. Daß zu ihren persönlichen Utopien Begegnungen und Lebensformen gehörten, bei denen das Alter keine Rolle spiele, und daß sie ihre letzten Jahre – begeistert – mit der Familie der Tochter in einer Hausgemeinschaft gelebt habe. Neugierig geworden, machte ich mich auf die Suche nach der Tochter. Das Gespräch mit Vera fand fünf Monate nach dem Tod der Mutter statt.

Ich hatte eigentlich eher ein schwieriges Verhältnis zu meiner Mutter. Als Kind habe ich darunter gelitten, daß sie nie ihren Haushalt auf die Reihe gekriegt hat, und ich fühlte mich schon allein der äußeren Rahmenbedingungen wegen nie richtig umsorgt. Morgens, wenn wir in die Schule gingen, schlief meine Mutter noch, wenn wir mittags hungrig heimkamen, hatte sie mit dem Kochen gerade erst angefangen, und nach dem Mittagessen brauchte sie ihren Mittagsschlaf. Die Wohnung war stets unaufgeräumt und ungemütlich, und ich genierte mich immer, wenn ich mal eine Freundin mit nach Hause brachte.

Ich glaube, meine Mutter hat viel gelesen und so die Nacht zum Tage gemacht. Ihre Interessen lagen jenseits von Kochbüchern und Haushaltsführung, außerdem war sie schrecklich unpraktisch und umständlich. Aus der Erziehung von uns Kindern hat sie sich nach meinem Empfinden zu sehr herausgehalten und viele Entscheidungen meinem Vater überlassen. Wenn ich zum Beispiel daran denke, daß sie ihm freie Hand ließ, als er mich als Jugendliche ins Internat steckte – da könnte ich noch heute das Hadern anfangen.

Ich denke oft, daß es meine Mutter heute besser hätte. Sie könnte sich für Haushalt und Kinder eine Hilfe anstellen und einem Beruf nachgehen, der ihren Interessen entspräche. Aber in den 50er und 60er Jahren war es nach dem Motto „Meine Frau hat es nicht nötig" ein Makel, wenn die Ehefrau arbeiten ging. Stattdessen absolvierte meine Mutter in dieser Zeit eine Gesangsausbildung und engagierte sich auch stark in der Kirchengemeinde.

Meine Eltern haben sich früh kennengelernt. Als Nachbarskinder – sie die Pfarrerstochter, er der Sohn des Dorfschulmeisters – sind sie eigentlich zusammen aufgewachsen. Ihre frühe Liaison wurde von den Eltern abgelehnt, und ich denke, das hat den beiden vollends den Kick gegeben, sich zusammenzutun. Ich sage mal, „aus Protest" gegen ihre Eltern sind sie dann gemeinsam zum katholischen Glauben konvertiert. Für eine evangelische Pfarrerstochter bedeutete das den absoluten Bruch mit der Familie, und fortan waren sämtliche Familienbeziehungen schwierig und unterkühlt.

Meine Mutter hat ihr Philologiestudium nicht zu Ende geführt. Indem sie als Buchhändlerin und Sekretärin arbeitete, ermöglichte sie meinem Vater, daß er sein Studium abschließen konnte. Meine Eltern haben sich beide stark in der katholischen Kirche engagiert. Sie hielten Vorträge und organisierten Seminare. Später hat meine Mutter auch katholischen Religionsunterricht erteilt.

Die Ehe meiner Eltern war aber glücklos. Vielleicht nicht von Anfang an, aber als mein Bruder und ich nach dem Abitur aus dem Haus gingen, löste sich auch meine Mutter aus der Beziehung mit meinem

Vater. Bereits fünfzigjährig, begann sie eine Ausbildung zur Ehe- und Familientherapeutin und arbeitete mehrere Jahre in einer Beratungsstelle. Anschließend übernahm sie die Leitung einer Altenbegegnungsstätte. Ich glaube, daß diese Jahre ihre beste Zeit waren. Jetzt konnte sie endlich nach eigenen Vorstellungen etwas gestalten.

Ein großes Ereignis war für sie auch die Geburt unserer Tochter. Nachdem ich die ganzen Jahre sehr auf Distanz zu meiner Mutter gelebt hatte, sind wir uns durch dieses Kind wieder näher gekommen. Als ich nach dem Erziehungsurlaub eine Tagesmutter für meine Tochter suchte, überraschte sie mich mit dem Vorschlag, daß sie während meiner Arbeitszeit gerne für Marie sorgen würde. Damit hatte ich nun wirklich nicht gerechnet, weil ich meine Mutter ja gar nicht als so mütterlich empfunden habe – schon wegen des ganzen schrecklichen Chaos, das früher zu Hause geherrscht hatte. Außerdem hatte ich auch immer den Eindruck gehabt, daß ihr ihre anderen Interessen wichtiger waren als mein Bruder und ich. Ich fand es aber gut, wie sie mit dem Enkelkind umging, und die beiden haben sich ausgesprochen gerne gehabt. Die Kleine ist auch ganz anders als ich, und ich denke, daß sie dieses Phantasievolle, dieses Vertrödelte bei der Oma besser ausleben konnte als bei mir.

Als die Kleine drei Jahre alt war, haben wir uns mit den Leuten in unserer Wohngemeinschaft so verkracht, daß wir unbedingt eine andere Bleibe brauchten. Damals war die Wohnungsnot auf dem Höhepunkt angelangt. In dieser Zeit fiel meiner Mutter eine Erbschaft zu, die sie zu gleichen Teilen an meinen Bruder und mich weitergab. Auf ihren Vorschlag hin nahmen wir meinen Anteil als Grundstock, um ein Haus zu kaufen, in dem wir gemeinsam wohnen könnten. Nach fieberhafter Suche fanden wir ein ganz nettes Häuschen aus den 50er Jahren. Ich zog mit meiner Familie ins Erdgeschoß, meine Mutter nahm die Dachwohnung. Ich muß sagen, da war sie sehr großzügig und hat uns auch beim Hauskauf völlig freie Hand gelassen. Sie kam gerade von einer Reise zurück, und wir sagten zu ihr: „Das hier ist das Haus, und morgen ist Notartermin." Und sie war ohne Wenn und Aber mit allem einverstanden. Ich glaube, sie hat sich sehr auf das gemeinsame Leben – vor allem mit Marie – gefreut. Denn trotz ihrer Umtriebigkeit nach außen hin war sie im Grunde sehr einsam, pflegte kaum persönliche Freundschaften.

Unsere Hausgemeinschaft dauerte fünf Jahre, und es gab schöne und schwierige Seiten. Was wirklich gut geklappt hat, war die Alltagsorganisation. Meine Mutter hat von sich aus angeboten, daß sie die Wäsche für die ganze Familie waschen und bügeln will. Mein Mann und ich waren beide berufstätig, und dieses Angebot war eine große Erleichterung für uns. Da fehlt sie uns manchmal heute noch. Morgens mußten wir beide früh aus dem Haus, und wenn Marie aufwachte, ist sie hochgegangen. Die Oma hat die Kleine dann für den Kindergarten gerichtet und nahm sie auch mittags wieder in Empfang. Die beiden waren ein Herz und eine Seele, und für mich war es ein beruhigendes Gefühl, die Kleine gut aufgehoben zu wissen.

Eine andere Seite an meiner Mutter habe ich in dieser Zeit ebenfalls sehr schätzen gelernt: Bei Meinungsverschiedenheiten – und die gab es durchaus zwischen uns – trat sie nie rechthaberisch auf, sondern war stets bereit, eigene Fehler einzuräumen und daran zu arbeiten. Bei Konflikten versuchte sie, sich in unsere Position zu versetzen. Das ist ja eine Fähigkeit, die man bei älteren Menschen selten findet. Meine Mutter war auch sehr neugierig und wagemutig. Sie machte zum Beispiel ganz ungewöhnliche Reisen, die üblicherweise nur junge Menschen unternehmen. Oder als in unserem Wohnviertel ein besetztes Haus geräumt wurde, ging sie hin und diskutierte mit den Polizisten und Besetzern.

Obwohl sie nach außen hin so aktiv war und viele Leute kannte, von vielen sicherlich auch sehr geschätzt wurde, hatte sie keinen privaten Freundeskreis. Ich habe so Frauenfreundschaften, die mir sehr wichtig sind. Wir treffen uns mal in der Kneipe oder fahren gelegentlich zusammen weg. Oder wir laden uns gegenseitig zum Geburtstag ein. So etwas hat sie nie gepflegt. Erstens ließ sie kaum jemand ihre Wohnung betreten – wahrscheinlich hat sie sich geniert, weil immer alles so kruschtelig und unaufgeräumt war. Und dann – mein Gott – bis sie einen Kuchen gebacken hatte! Da war sie so umständlich!

Menschen ihrer eigenen Generation interessierten sie nicht so sehr. Die waren ihr in der Regel zu konventionell und zu langweilig. Sie fühlte sich eher zu jüngeren Menschen hingezogen. Die aber sahen in ihr häufig den Mutterersatz, wollten bei ihr abladen, und das war dann auch nicht so befriedigend für sie. Die verwandtschaftlichen

Beziehungen waren ja seit eh und je distanziert, und so war meine Mutter eigentlich sehr einsam.

Diese Einsamkeit förderte auch ihre depressiven Neigungen, und oft verkroch sie sich tagelang. Vor allem die Sonntage waren wohl sehr schwierige Zeiten für sie. Wenn sie sich ihren depressiven Stimmungen hingab, fühlte ich mich unter Druck gesetzt, empfand sie als indirekte Aufforderung, mich mehr um sie zu kümmern. Da wurde ich auch manchmal richtig wütend auf sie. Ich schimpfte mit ihr und sagte: „Du kennst doch so viele Leute, warum kannst du nicht jemand einladen, anstatt hier einsam rumzuhängen!"

Insgeheim dachte ich oft bei mir: „Oh je – das kann ja heiter werden, wenn sie mal krank oder gebrechlich wird." Da war weit und breit niemand, auf den ich hätte zählen können. Mein Bruder hatte schon lange mit der Familie gebrochen und ließ sich überhaupt nicht mehr blicken.

Was im Alter oder bei Krankheit mit meiner Mutter werden sollte, hatten mein Mann und ich schon mal so ganz aus der Ferne angedacht. Nachdem sie sich jetzt so um unser Kind kümmerte und sich auch finanziell so großzügig gezeigt hatte, waren wir prinzipiell der Meinung, daß wir bei den ersten Altersanzeichen nicht gleich „ab ins Heim" rufen würden. Aber wir sind diesem Thema ausgewichen. Und zwar beide Seiten. Ich erinnere mich, daß meine Mutter, als wir so beiläufig darauf zu sprechen kamen, meinte: „Das lassen wir mal auf uns zukommen."

Daß meine Mutter Krebs kriegen könnte – damit habe ich niemals gerechnet, und sie im übrigen auch nicht. Im Brustton der Überzeugung sagte sie mal: „Ich Krebs – niemals!" Sie hat ja auch so gesund gelebt: kein Alkohol, kein Nikotin, viel Schlaf, ausreichend Bewegung, kaufte nur im Bioladen ein. Und ihre Ärzte suchte sie sich sorgfältig aus, bevorzugte alternative und homöopathische Medizin. Ich dachte immer, daß meine Mutter sehr alt wird. Daß sich dieses Eigenbrötlerische noch verstärken, sie immer schrulliger und komischer werden würde.

Die Situation, als mir meine Mutter eröffnete, daß bei ihr Verdacht auf Leukämie bestünde, habe ich noch genau vor Augen. Ich war damals, nach zwei Fehlgeburten, endlich schwanger und stand kurz vor dem Mutterschutz. Bei ihrer Eröffnung wurde mir erst ganz schwummerig in meinem Sessel, und dann packte mich eine Mordswut! Ich hatte mich darauf gefreut, bald alles etwas geruhsamer angehen zu können – und jetzt kam sie mit so etwas daher! Ich wurde von dem Gefühl überschwemmt, daß sie sich mal wieder mit allen Mitteln meine Zuwendung erzwingt, und ich dachte: „Himmel – das hört doch nie auf mit meinen Eltern! Da kommst du nie raus, daß sie dich mit ihrem verkorksten Lebensballast niederdrücken! Daß sie mit ihren eigenen Problemen immer wieder in mein Leben hinein regieren!" Ich war auf jeden Fall in völliger Abwehrstellung, hatte Angst, daß ich jetzt vor lauter Aufregung das Kind verliere. Ich weiß nicht mehr, was ich damals zu meiner Mutter gesagt habe – aber freundlich war es sicherlich nicht.

Weitere Untersuchungen bestätigten den Verdacht auf akute Leukämie. In einem medizinischen Fachbuch habe ich damals nachgelesen, daß diese Form der Leukämie zum Tod führt. Ohne Behandlung innerhalb weniger Wochen, wenn eine Chemotherapie gemacht wird, besteht eine Lebenserwartung von etwa zwei Jahren.

Nach der Diagnose kam meine Mutter gleich in die Klinik. Ich weiß gar nicht mehr, wie wir das damals alles auf die Reihe gekriegt haben: Die Berufstätigkeit, für Marie fehlte die Oma, die täglichen Besuche in der Klinik – immer verbunden mit langen Listen von Dingen, die zu besorgen waren.

Ich habe nach der Diagnose nicht mehr mit meiner Mutter über die Krankheit und ihre Gefühle gesprochen. Sie hat – zumindest soviel mir bekannt ist – nicht geweint, ist nie zusammengebrochen. Aber ich denke, daß sie schon erschrocken war, weil sie auch niemals mit Krebs gerechnet hat. Sie hatte aber einen starken Lebenswillen und sah die Krankheit auch als eine Herausforderung an, als einen Kampf, den es aufzunehmen galt. Da war wieder ein unbekanntes Terrain zu betreten, waren neue Erfahrungen zu machen.

Diese Haltung war für mich sehr zwiespältig. Einerseits sorgte sie dafür, daß meine Mutter ihre Krankheit, ihr Leiden und ihre Schwäche mit ungeheurer Tapferkeit und Klaglosigkeit trug. Sie war immer angefüllt mit Zuversicht und, soweit es ihr Zustand zuließ, auch mit Aktivität. So machte sie zum Beispiel Lesungen im Klinikrundfunk und arbeitete mit an einem Projekt über das Kriegsende in Tübingen. Auch zu Hause versuchte sie, so gut es ging, sich selbst zu versorgen und uns so wenig wie möglich zu belasten. Es hat mich schon angerührt, wenn sie mit dem Rucksäckchen auf dem Buckel und an Krücken zum Bioladen wackelte und dabei noch freudig strahlte, wenn sie mir mit dem Kinderwagen begegnete.

Aber gerade ihre Zuversicht hat mich irritiert und hat es mir manchmal so schwer gemacht. Daß ihre Lebenszeit begrenzt ist, daß sie sterben wird, war für sie kein Thema. Sie war felsenfest davon überzeugt, wieder gesund zu werden, wieder für die Enkel sorgen zu können. Das hat sie allen erzählt, auch den Ärzten. Ich weiß nicht, was die dazu gesagt haben – ich war auf jeden Fall immer sprachlos.

Ihre Krankheit hat uns dann auch gezwungen, die Betreuung unserer beiden Töchter – die Kleine wurde vier Monate nach der Krebsdiagnose geboren – neu zu organisieren. Wir entschlossen uns, daß mein Mann Erziehungsurlaub nehmen und ich mit vollem Lehrauftrag in den Schuldienst zurückkehren würde. Meine Mutter war wenig begeistert, ja fast beleidigt, weil die Kinderbetreuung ja ihr Aufgabenfeld werden sollte.

Nach der ersten Chemo hat sie sich auch ganz gut erholt und konnte nach etwa einem halben Jahr für einige Monate wieder ein ganz normales Leben führen. In Gesprächen mit dritten hörte ich sie öfters sagen: „Ich hatte Krebs."

So sehr es mich irritierte, daß sie den Tod niemals als möglichen Ausgang ihrer Krankheit in Erwägung zog, so sehr ließ ich mich auch immer wieder von ihrer Einstellung einlullen. Ich dachte dann: „Na ja – sie ist ja wirklich ein besonderer Mensch, und vielleicht halten dann die Zwischenphasen bei ihr besonders lange an." Auch unser eigener Alltag, bestimmt durch die Geburt unseres zweiten Kindes und das Leben mit dem Neugeborenen, ließ mich diese Todesperspektive immer wieder zur Seite schieben.

Der zweite Rückfall ist ein ziemlicher Dämpfer für uns alle gewesen. Aber wieder erholte sie sich so weit, daß sie über Weihnachten eine Reise in ein Schloß nach Frankreich unternehmen konnte. Ich glaube, das war nochmals ein schönes Erlebnis für sie.

Was mir immer sehr zu schaffen gemacht hat, war ihr Aussehen.

Wie sie nach der Chemo so dünn in ihrem weißen Hemdchen im Bett lag, ohne Haare, die Haut wie verbrannt – da konnte ich mich nicht daran gewöhnen! In den Phasen zwischen den Chemos, wenn es ihr besser ging und sie aus der Klinik entlassen wurde, war sie zum Frühstücken und Abendessen regelmäßig bei uns. Sie war ganz dünn, die Glatze hat auch schrecklich ausgesehen. Manche lassen sich ja dann eine Perücke anfertigen, aber sie stand zu ihrem Aussehen.

Meine Mutter hatte sehr schicke Kleider, und sie hat sich gerne auch jugendlich gekleidet, hatte auch die Figur dazu. Aber diese flotten Sachen zog sie nur an, wenn sie in die Öffentlichkeit ging – also zu Vorträgen, Veranstaltungen oder Arztbesuchen. Daheim trug sie Strumpfhosen und verzogene Pullover, die ihr von der Krankheit gezeichnetes Aussehen noch vollends zur Geltung brachten. Das hat mich sehr gestört, daß sie zu Hause so wenig auf sich geachtet hat; das machte mich manchmal richtig wütend, und ich habe es ihr auch öfters vorgeworfen.

Wenige Wochen nach der Frankreichreise kam der dritte Rückfall. Sie wollte diesmal nicht mehr in die Klinik. Sie vereinbarte mit dem Arzt, zu Hause eine weitere Chemo in Tablettenform durchzuführen. Das hat mich damals geärgert, daß sie das so ohne Rücksprache mit mir und meinem Mann entschieden hat, denn ich hatte Angst vor der Verantwortung und Mehrbelastung, die uns da aufgeladen wird, und ich war auch nicht bereit, pflegerisch tätig zu werden.

Die Tabletten hat sie dann nicht vertragen, sie wurde zusehends weniger, blieb immer länger im Bett. Der Arzt besuchte sie regelmäßig, und eines Tages kam er dann zu mir in die Wohnung herein. Er sagte mir, daß das jetzt der dritte Rückfall sei, daß ihr dieses Mal von der Medizin nicht mehr geholfen werden könne, und daß sie nicht mehr lange leben werde. Wenn ich damit einverstanden sei, wolle er dafür sorgen, daß sie vom „Tübinger Projekt für die häusliche Betreuung Schwerkranker" pflegerisch betreut und versorgt werde.

Ich glaube, ich habe damals schon dumm geguckt, als der Arzt zu mir kam. Ich hätte ja schon längst von mir aus Kontakt zu ihm aufnehmen können, aber ich bin ihm immer ausgewichen – habe eben auch verdrängt. Als er dann mit mir redete, dachte ich: „Aha, jetzt geht es also los, da mußt du jetzt durch. Jetzt kommt das, woran du entfernt schon immer gedacht hast."

Im Nachhinein muß ich sagen, daß diese letzte Phase, die sich über ungefähr vier Wochen erstreckte, eigentlich eine gute Erfahrung war. Das hängt ganz stark mit der Betreuung durch das „Tübinger Projekt" zusammen. Die Schwestern und Pfleger kamen mit steigendem Bedarf bis zu dreimal am Tag, versorgten und pflegten meine Mutter. Ich habe alle bewundert, die da ins Haus kamen, all diese Dinge taten, die mir so unangenehm waren und von denen ich mir nicht vorstellen konnte, daß man sie gerne und freiwillig tun kann. Es waren ganz verschiedene Persönlichkeiten, aber alle gingen so liebevoll mit meiner Mutter um, und darüber hinaus haben sie auch uns als Familie betreut. Wenn sie bei meiner Mutter fertig waren, schauten sie regelmäßig bei uns herein, und wir verständigten uns darüber, was anlag und wie es ihr ging. Innerhalb ganz kurzer Zeit entwickelte sich zwischen uns und den Schwestern und Pflegern ein Vertrauensverhältnis, wie es im Klinikbetrieb undenkbar wäre. Ich hatte in ihnen kompetente Gesprächspartner, mit denen ich wie selbstverständlich über alles reden konnte, was mich so umtrieb und auch plagte.

Obwohl meine Mutter täglich schwächer wurde, hatte sie noch Zukunftspläne und ordnete Dinge an, als würde sie ewig leben: Sie ließ Regale in ihrer Wohnung einbauen und bestellte neue Sitzkissen. Kurz vor ihrem Tod sollte ich ihre Stühle noch zum Polsterer bringen, damit sie Platz für zukünftige Kaffeegesellschaften habe. Gleichzeitig ist sie auch stiller und sanfter geworden, zog sich immer mehr zurück. Ganz vorsichtigen Versuchen meinerseits, die Endlichkeit ihres Daseins anzusprechen, ist sie ausgewichen. Einmal sagte sie: „Ich lauf da jetzt so Phasen durch." Auf meine Rückfrage, welche Phasen denn, antwortete sie: „Darüber möchte ich nicht sprechen."

Was mir ganz furchtbar unter den Nägeln brannte, war die Frage, wie sich die Beerdigung gestalten solle. Meine Mutter war vor einigen Jahren aus der katholischen Kirche ausgetreten, und so war überhaupt kein Rahmen vorgegeben. Ermutigt durch die Pfleger, setzte ich mich ungefähr eine Woche vor ihrem Tod an ihr Bett und sagte ganz direkt: „Du Mami, das kann jetzt schon sein, daß du bald stirbst. Wie willst du denn die Beerdigung haben?" Sie glaube nicht, daß sie bald sterbe, aber sie könne es mir ja sagen, wenn es mir Ruhe gebe, meinte sie.

Und dann kamen wie aus der Pistole geschossen ganz detaillierte Anweisungen: Sie wollte keine Ansprachen und keinen Pfarrer. Sie hat immer gerne gesungen, und zwei Choräle sollten den Rahmen der Feier bilden. Außerdem wollte sie die beiden Fragen, die sie ein Leben lang umgetrieben haben, in symbolischer Form aufgegriffen wissen. Das war zum einen das Schuldigwerden durch den Nationalsozialismus, und zum andern ihre Auseinandersetzung mit religiösen Fragen und die Suche nach Spiritualität. Letzteres sollte in einem meditativen Tanz zum Ausdruck gebracht werden. Das Schuldigwerden durch den Nationalsozialismus wollte sie aufgegriffen haben, indem befreundete Musikerinnen jiddische Lieder spielen sollten.

Bis in die letzten Einzelheiten hinein sagte sie mir, an wen ich mich in welcher Angelegenheit zu wenden hätte, wer welchen Part übernehmen solle. Ich kam kaum nach mit Notieren und war völlig geplättet, aber auch unendlich erleichtert, als ich mit meinen Anweisungen von dannen schlich. Das war nochmals eine typische Aktion meiner Mutter: Anders und besonders sollte ihre Beerdigung sein, und dennoch blitzte das evangelische Pfarrhaus aus allen Knopflöchern.

Obwohl sie den Tod noch nicht erwartete, hat sie mir an diesem denkwürdigen Sonntagnachmittag auch gesagt, daß sie ihn nicht fürchtet. Sie stelle sich vor, daß es ganz hell werde, daß ihr ein großer Engel erscheine, der freundlich sage: „Komm – jetzt ist es Zeit!" Und daß sie dann mit dem Engel gehe. Und daß sie sich darauf freue, wenn sie nichts mehr spüre. Das alles fand ich in den kommenden Tagen sehr tröstlich.

Der Arzt hatte mich darauf vorbereitet, daß es bei dieser Krankheit immer wieder zu Blutungen kommt, die schließlich auch nicht mehr gestillt werden können. Als ich zwei Tage nach unserer Unterredung wie jeden Morgen hochging, um nach ihr zu schauen und die Bettschüssel zu leeren, fand ich sie blutüberströmt im Bett liegen. Obwohl ich darauf vorbereitet war, kam ich mir vor wie in einem Krimi – so schaurig sah alles aus! Ich rief einen Pfleger vom „Tübinger Projekt", und zu zweit wuschen wir meine Mutter und putzten alles auf. Ich war froh, daß er dabei war – das gab mir die nötige Sicherheit, aber ich war auch überrascht von mir selbst, daß ich das fertiggebracht habe. Ich habe alles ganz mechanisch gemacht und irgendwie empfand ich die Situation gar nicht schlimm.

Dem herbeigerufenen Arzt sagte meine Mutter, daß sie keine lebensverlängernden Maßnahmen mehr wolle. Stattdessen sprach sie von sich aus einiges an, was sie vor ihrem Tod noch geregelt haben wollte. Im Laufe dieses Tages wuchs bei mir so ein Gefühl eines allumfassenden Einverständnisses in das, was jetzt noch geschehen sollte. Abends saßen wir mit der Krankenschwester, die über Nacht bei meiner Mutter wachen wollte, und meinem Onkel zusammen, mit dem sie noch vereinbart hatte, daß er einen jüdischen Segen am Grab sprechen solle.

Gegen zweiundzwanzig Uhr ging die Nachtwache hoch, ich wußte meine Mutter bei ihr gut aufgehoben und konnte beruhigt ins Bett gehen. In der Nacht war meine Mutter wohl unruhig und teilweise auch etwas verwirrt gewesen, aber als ich morgens um sechs kam, erkannte sie mich und sagte: „Ich glaube, das mit der Waschprozedur stehe ich heute nicht durch." Dann sprach sie wieder ziemlich wirr und unverständlich von ihrer letzten großen Reise nach Peru, von irgendwelchen Fotos. Und dann redete sie ganz eindringlich von Marie. Ich konnte sie nicht mehr verstehen, aber ich bin sicher, daß sie mir als Vermächtnis auf den Weg geben wollte: „Bitte behandle die Marie gut und freundlich."

Tatsächlich starb sie dann während der Morgentoilette. Die Krankenschwester vom „Tübinger Projekt" holte mich – ich sollte ihr beim Umbetten helfen. Als ich neben dem Krankenbett stand, sah meine Mutter durch mich durch und lag ganz ruhig da. Die Abstände zwischen den einzelnen Atemzügen wurden immer länger. Ich setzte mich zu ihr ans Bett, hielt ihre Hand und schaute sie an. Irgendwann verzog sie das Gesicht, als müsse sie durch ein Gestrüpp hindurch, und schließlich war da kein Atem mehr.

Durch die Anwesenheit der Schwester hatte ich mich auch in dieser Todesstunde völlig aufgehoben gefühlt. Wir berieten dann gemeinsam, was wir meiner Mutter anziehen sollten, denn einige Tage zuvor hatte sie geäußert, daß sie kein Totenhemd, sondern eine seidene Bluse und eine seidene Hose tragen wolle. Aus ihrer Kleidung suchten wir etwas Entsprechendes aus und zogen sie an. Ich sah nochmals ihren völlig ausgemergelten, mit Blutergüssen übersäten Körper, aber jetzt hat es mir nichts mehr ausgemacht. Ihr Gesicht war schön – richtig zart, glatt und freundlich hat sie ausgesehen.

Im Laufe des Tages habe ich immer wieder nach ihr geschaut. Auch die Nachbarn und Nachbarskinder sind gekommen. Unsere Kleine, die gerade krabbeln und „Oma" sagen konnte, entdeckte die Fernbedienung des Krankenbetts und ließ die tote Oma hoch und runter fahren. Das Trauerhaus war von einer ganz gelösten Atmosphäre durchdrungen, und ich bin sicher, daß meiner Mutter dieses bisweilen fast heitere Aufgebot an ihrem Totenbett gefallen hätte. Ich selber war angefüllt mit einem Gefühl der Dankbarkeit. Dankbar dafür, daß sich in den letzten Tagen alles so gerundet hatte, daß wir trotz unserer oft schwierigen Beziehung zu einem guten Ende gekommen sind.

Angst hatte ich vor dem Augenblick, in dem meine Mutter abgeholt werden sollte. Das empfand ich wohl als so eine Art endgültigen Abschied. Diesen Moment habe ich zweieinhalb Tage hinausgezögert. Als es schließlich doch soweit war, signalisierte mir der starke Verwesungsgeruch, der beim Umbetten meiner Mutter aufstieg: „Jetzt ist sie wirklich tot, und es hat seine Richtigkeit, daß sie geht."

In den darauffolgenden Tagen herrschte wunderschönes Frühlingswetter, und in dem parkartigen Friedhofsgelände blühten überall die Osterglocken. Hier ging ich bis zur Beerdigung täglich mit meiner kleinen Tochter spazieren, und wir besuchten die Oma in der Trauerzelle.

Die Beerdigung selber hat mich gar nicht mehr so berührt. Ich war eher gespannt, ob alles so klappen würde, wie wir uns das gedacht hatten. Einzig der Gedanke an die „Sargumwallung", wie ich den meditativen Tanz insgeheim bei mir nannte, machte mich etwas nervös. Aber es wurde dann eine schöne Feier. Mein Onkel, der die Moderation übernommen hatte, und die ehemalige Mitarbeiterin, die den meditativen Tanz anleitete, haben die Anliegen meiner Mutter wirklich gut 'rübergebracht.

In den Tagen und Wochen vor und nach dem Tod meiner Mutter habe ich viel Nähe und Anteilnahme von Freunden, Nachbarn, Bekannten und Verwandten erfahren. Inzwischen sind vier Monate vergangen, und alle Welt ist zur Tagesordnung übergegangen. Niemand spricht mehr über meine Mutter oder fragt, wie es mir geht. Manchmal denke ich: „Das kann doch nicht sein, daß das alles ist – Wohnung ausräumen, alte Tapete abkratzen, neues Dachfenster 'rein machen – Thema erledigt!"

Und wenn es dann – selten – doch einmal vorkommt, daß mich jemand fragt, wie es mir geht, geniere ich mich fast ein bißchen, weil ich dann regelmäßig auf die Trauer und den Verlust angesprochen werde. Bei mir überwiegt aber das Gefühl der Erleichterung alles andere. Ich bin froh, daß ich Menschen zur Seite hatte, die es mir ermöglichten, das Sterben meiner Mutter mitzuerleben. Und ich meine, daß trotz aller Schrecken, die so eine Krebserkrankung mit sich bringt, meine Mutter insgesamt keinen schlechten Abschluß hatte.

Ich kann natürlich nicht ermessen, wie es ist, wenn einem gesagt wird: Jetzt hast du nur noch so und so lange zu leben. Oft frage ich mich auch, wie ich in so einem Fall handeln würde.

Die Chemotherapie ablehnen?

Bestimmte Dinge noch regeln?

Mich dann zum Sterben hinlegen?

Ich weiß es nicht.

„Ich war zum verlängerten Arm des alten Herrn geworden."

Marita, 39 Jahre, inzwischen geschieden, zwei Kinder; als Hauswirtschafterin betreute und begleitete sie fünf Jahre lang einen alten Herrn. Das Gespräch fand fünf Jahre nach dessen Tod statt.

Mein Mann und Herr Schmid hatten sich in einem anthroposophischen Arbeitskreis kennengelernt. Die beiden waren durch gemeinsame Interessen und gegenseitige Wertschätzung verbunden. Herr Schmid lebte seit dem Tod seiner Frau bereits mehrere Jahre allein. Die Ehe war kinderlos geblieben, und Herr Schmid war nicht der Mensch, der häusliche Geselligkeit gepflegt hätte. So hatte er die letzten Jahre sehr einsam, eigenbrötlerisch und irgendwie auch eingebunkert verbracht, lediglich unterbrochen durch eine rege, ja fast rastlose Reisetätigkeit.

Herr Schmid legte größten Wert darauf, seinen gewohnten Lebensstil auch im Alter fortsetzen zu können. Er hatte sich zwar schon ein Alters- und Pflegeheim gehobenen Stils angesehen, aber es entsprach nicht seinen Vorstellungen. Er konnte und wollte sein Haus, das er zusammen mit seiner Frau zu einem Kleinod ausgebaut hatte, und das ihm eine schützende Hülle geworden war, nicht aufgeben. Er wollte diese vertraute Behausung auch deshalb nicht verlassen, weil er hier am besten das Andenken an seine geliebte Frau pflegen konnte. Als er spürte, daß er aus eigener Kraft seinen gewohnten Lebensstil nicht mehr aufrecht erhalten konnte, schaute er sich nach Menschen um, die ihm dabei helfen würden. So kam er auf unsere Familie zu. Meinen Mann wünschte er sich als Begleiter für seine zahlreichen Reisen und als Gesprächspartner. Ich sollte für ihn kochen und zweimal die Woche mit ihm einkaufen gehen. Als Gegenleistung bot er uns an, gegen eine geringe Miete bei ihm im Haus zu wohnen.

Auf dieses Angebot reagierte ich zunächst mit großer Zurückhaltung. Wir waren zwar bereits seit längerer Zeit auf der Suche nach einer günstigen Wohnung, und ich war auch interessiert an einer Arbeit, die ich zu Hause tun konnte. Aber ich schreckte davor zurück, mich auf so ein Wagnis einzulassen. Ich befürchtete, meine Lebenspläne auf viele Jahre, vielleicht Jahrzehnte, auf Herrn Schmid abstimmen zu müssen. Mir war auch klar, daß sein aktueller Zustand, in dem er sich noch recht rüstig und geistig rege zeigte, lediglich eine Momentaufnahme war, und daß in diesem Lebensabschnitt schleichende und manchmal auch sehr rasche Veränderungen auftreten können. Da ich als ganz junge Frau, ich war damals knapp achtzehn, meine Großmutter bei mir aufgenommen und ein Jahr lang bis zu ihrem Tod mit ihr zusammengelebt hatte, war ich schon etwas erfahren im Zusammenleben mit einem alten Menschen. Ich wußte, daß Menschen in der letzten Lebensphase nicht mehr zu ändern sind; daß es verkehrt ist, eigene Erwartungshaltungen an sie zu haben, will frau nicht schrecklich enttäuscht und gebeutelt werden. Mir war klar, daß das Leben eines alten Menschen auslaufen muß, und daß die Begleitung darin besteht, ihn zu unterstützen.

Trotz meiner Bedenken trafen wir uns eines schönen Sonntagnachmittags mit Herrn Schmid, um uns näher kennenzulernen und die Räumlichkeiten zu besichtigen. Das Haus war am Südhang in einer schönen Wohnlage gebaut. Von außen machte es keinen so besonderen Eindruck, aber innen war es nach den Grundsätzen anthroposophischer Architektur durchgestaltet. Dreizehn verschiedene Hölzer waren für den Innenausbau verwendet worden, und zu allen Einzelheiten gab es eine besondere Baugeschichte, die wir im Laufe der Jahre kennenlernen sollten. Herr Schmid bewohnte das erste und zweite Stockwerk. Im ersten Stock befanden sich Küche, Eßzimmer und Wohnzimmer, letzteres einst von den Bauarbeitern wegen seiner ungewöhnlichen Deckenkonstruktion nur „die Kapelle" genannt. Im zweiten Stock hatte Herr Schmid das Bad und noch drei weitere Zimmer.

Die Küche, die fortan mein Arbeitsplatz werden sollte, entsprach keineswegs mehr heutigen Standards. Seit dem Hausbau vor dreißig Jahren war nichts verändert worden. Es gab kein heißes Wasser, der

Kühlschrank befand sich im Keller, und alles war so ungeschickt eingerichtet wie irgend möglich. Während beim Ausbau der anderen Räume auf höchste Qualität geachtet worden war, war die Küche das Stiefkind des Hauses, der Raum für die Dienstboten; bereits früher hatten Herr und Frau Schmid stets eine Wirtschafterin beschäftigt. Für uns stand die ehemalige Praxis von Frau Schmid zur Verfügung. Das waren zweieinhalb Zimmer, ein Klo, kein Bad, keine Küche und der Heizungskeller. Mein Mann sollte als Arbeitszimmer den „Olymp" bekommen – das war das vollständig ausgebaute Dachgeschoß.

Diese erste Begegnung ließ meiner Begeisterung keine Flügel wachsen. Ich war noch skeptischer als zuvor und hatte große Bedenken, mich mit meiner Familie den Launen und dem Altersego eines alten Herrn auszuliefern. Da ich aber selbst ein sehr unkonventioneller Mensch bin, konnte ich mich auch dem Wunsch von Herrn Schmid, seinen Lebensabend auf unkonventionelle Art mit uns zu gestalten, nicht verschließen, und ich bewunderte seinen Mut. Erst später merkte ich, daß es nicht nur Mut, sondern auch Angst und Unfähigkeit zu einer grundsätzlichen Veränderung waren, die ihn diesen Weg beschreiten ließen. Mein Mann, begeistert von dem Projekt des Zusammenlebens mit diesem alten Herrn, gab schließlich den Ausschlag.

Aufgrund äußerer Umstände zogen wir ziemlich überstürzt bei Herrn Schmid ein. Das heißt, außer den mündlichen Absprachen, die ich vorher genannt habe, gab es zunächst keinerlei vertragliche Vereinbarungen. Wir hatten nicht einmal einen Mietvertrag.

Die Anfangsphase war sehr schwer für mich. Zu großen Teilen war ich nicht mehr ich selbst, sondern zum verlängerten Arm von Herrn Schmid geworden. Wenn ich morgens meinen Dienst in der Küche antrat, mußte ich zuerst unter Herrn Schmids Socken und Unterwäsche durchtauchen, denn in den heiligen Hallen des übrigen Hauses konnte natürlich keine Wäsche getrocknet werden. Auf einem Dreiflammenherd, der weder rechts noch links eine Ablage hatte, mußte ich täglich zwei Mahlzeiten kochen – eine für die Familie und eine für Herrn Schmid, der Diätkost beanspruchte. Die Schränke waren nicht zu benutzen, weil die Schiebetüren klemmten. Alles war vollgestopft mit Sachen, die nicht benutzt wurden. Ich versuchte einmal, die

Kochtöpfe zu zählen – beim vierzigsten Exemplar habe ich aufgehört, und es war noch lange kein Ende abzusehen. Hinzu kam noch Herrn Schmids Angst und Panik vor schlechten Zeiten. Überall standen Kisten, Kästen, Säcke, Dosen und Schachteln mit Vorräten, die zum großen Teil inzwischen unbrauchbar geworden und verdorben waren. Natürlich hätte ich am liebsten die ganze Küche entrümpelt und nach hauswirtschaftlichen Gesichtspunkten umorganisiert. Aber da ich Herrn Schmids Einstellung kannte, hatte ich zuviel Scheu, tiefgreifende Veränderungen vorzunehmen. Und es war auch schlicht und einfach nicht möglich. Bei der ersten Besichtigung und Besprechung hatte ich mir ein Regalbrett ausbedungen, auf das ich meine eigenen Sachen stellen wollte. Selbst dieses wurde mir dann nicht genehmigt.

Dieses Gefühl, ständig mit angezogener Handbremse fahren zu müssen, Dinge, die ich selbst für richtig erachtete, unterlassen zu müssen, hat mich sehr viel Kraft gekostet. Gelegentlich hatte ich aber auch Erfolgserlebnisse bei meinem Kampf um Veränderungen in diesem Haus, in dem alles so fertig und festgelegt war. Als ich nach Jahren zum ersten Mal einen Blick in Herrn Schmids „rotes Zimmer" werfen durfte, brach es mir fast das Herz, wie dieses wunderschöne sonnige Zimmer, mit herrlichem Ausblick auf die Alb, lediglich als Vorrats- und Rumpelkammer zweckentfremdet worden war. Auch hier war wieder alles vollgestopft mit verdorbenen Vorräten, gärenden Honiggläsern, ja selbst das Waschpulver war inzwischen unbrauchbar geworden. Es gelang mir, Herrn Schmid zu überzeugen, daß wir dieses Zimmer entrümpeln und ihm ein wunderschönes Frühstückszimmer einrichten könnten. Dieser Vorschlag begeisterte ihn, er war überglücklich über sein neues Zimmer, und er hat es wirklich mit Freude und Dankbarkeit angenommen. Ich konnte auch durchsetzen, daß wir im Heizungskeller ein eigenes Bad einrichten durften. Unsere Freunde und Bekannten rümpften gelegentlich die Nase über dieses Bad, aber ich war so stolz auf meine Errungenschaft.

Obwohl Herrn Schmids Frühstückszimmer wirklich dazu angetan gewesen wäre, ein königliches Frühstück einzunehmen, legte er auf diese Mahlzeit keinen gesteigerten Wert. Von dem Sprichwort „Morgens wie ein König..." hielt er rein gar nichts. Nach dem Schrotbrot zum Frühstück und der vegetarischen Diätküche zu Mittag hatte er genug vom Maßhalten. Höhepunkt des Tages war das „Kaffetieren". Und hier scheute er weder Kosten noch Mühen, damit die besten Kuchen der Stadt auf den Tisch des Hauses kamen. Der Käsekuchen war in diesem Café am besten, die Schweizer Nußtorte in jenem, und auf Vorbestellung mußten wir das entsprechende Gebäck alle zwei oder drei Tage besorgen. Mit meinen Backkünsten konnte ich bei Herrn Schmid jedenfalls nicht landen.

Das „Kaffetieren" zelebrierten wir gemeinsam, es war sozusagen unsere Hauskonferenz. Das Eßzimmer war auf mindestens 25° C aufgeheizt, Herr Schmid saß in Wolldecken gehüllt, und unter Schweißausbrüchen lauschten wir seinen Vorträgen. Meistens sprach er von den kunsthistorischen Erkenntnissen, die er auf seinen Reisen gewonnen hatte, machte uns mit der Baugeschichte des Hauses vertraut, oder er redete über philosophische Themen.

Von seiner eigenen Lebensgeschichte, insbesondere der ersten Hälfte, hat er uns leider gar nie etwas erzählt. Das eigentliche Leben schien für ihn erst begonnen zu haben, als er seine Frau nach dem Krieg kennengelernt hatte. Ein Gespräch im Sinne eines gegenseitigen Austausches von Gedanken und Meinungen war kaum mehr möglich. Trotzdem war das „Kaffetieren" mit Herrn Schmid ein wichtiger Punkt in unserem gemeinsamen Leben. Es bedeutete ein Innehalten und Aufeinanderzugehen in der Rastlosigkeit des Tages. Mein Mann war durch seine berufliche Tätigkeit stark beansprucht, und ich war neben meiner Arbeit für die Familie damit beschäftigt, Herrn Schmid alles recht zu machen. Dieses mußte so, jenes mußte so sein; die Halspastillen hatten hier, die Salbeibonbons da zu liegen. War die alte Wolldecke zerschlissen, mußte ich alle Geschäfte im näheren und ferneren Umkreis abklappern, bis ich genau den gleichen Ersatz gefunden hatte. Ich hatte auf jeden Fall von morgens bis in die Nacht hinein volles Programm.

Ein Erlebnis besonderer Art waren die Einkäufe mit Herrn Schmid. Da er angefüllt mit Ängsten war, benötigten wir erst einmal eine Stunde, um nach einem bestimmten Prozedere alle Fenster und Türen zu verriegeln. Anfangs fuhr Herr Schmid noch selbst mit dem Auto, und wenn wir dann unter Mißachtung aller Verkehrsregeln über die Kreuzungen brausten, konnte ich nur noch die Augen zumachen und mich im Polster festkrallen. Herr Schmid sorgte für italienische Verkehrsverhältnisse, es fehlte nur noch, daß er „O sole mio" geschmettert hätte. Er kaufte für sein Leben gern ein, und in den Geschäften war er immer ganz Mann von Welt. Auch mich hätte er gerne nobel und großzügig eingekleidet, denn meine Jeans mochte er überhaupt nicht. Am schönsten fand er damenhafte Röcke und Kleider, und wenn Hosen, dann weiße – wie seine Frau sie getragen hatte. Geld spielte für Herrn Schmid keine Rolle, er gab es großzügig aus und machte gerne Geschenke. Ich wollte aber keine Geschenke, sondern klare vertragliche Abmachungen. Während ich beispielsweise auf einen Mietvertrag drängte, wich er diesem Thema immer wieder aus.

Die Anfangsphase war für mich auch deshalb so schwer, weil wir von so ganz unterschiedlichen Lebensumständen aus aufeinander zugingen. Während für mich die Bedürfnisse der Familie und insbesondere die der Kinder an erster Stelle standen, war dies für Herrn Schmid eine Dimension, die in seinem Leben keine Rolle gespielt hatte. Außerdem hatte er schon so viele Jahre alleine gelebt, daß er es nicht mehr gewohnt war, auf andere Menschen Rücksicht zu nehmen. Während ich meiner Lebtag stets um alles kämpfen mußte, besaß Herr Schmid alles, was gebildet, satt und reich machte. In seiner geschützten Welt konnte er durch und durch Idealist sein, denn von den Niederungen des Lebens hielt er sich fern.

Zum ersten großen Eklat kam es in den Sommerferien, einige Monate nach unserem Einzug. Freunde wollten uns für drei Wochen ihr Ferienhäuschen an der Costa Brava kostenlos überlassen. Herrn Schmid wollten wir selbstverständlich mitnehmen; er hätte sich in einem Hotel in der Nähe einmieten können. Spanien lehnte er aber rundweg ab. Für ihn kamen lediglich Italien oder Griechenland als Reiseziele in Frage. Schweren Herzens, denn wir mußten jeden Pfennig unserer Reisekasse mehrmals umdrehen, ließen wir dieses günstige Angebot fallen und planten einen Urlaub in Norditalien. Wir machten mit Herrn Schmid aus, daß wir unterwegs nach einer günstigen Ferienwohnung für die Familie schauen wollten, daß mein Mann ihm als Reisebegleiter zur Verfügung stünde, daß aber zwischendurch doch auch gemeinsame Aktivitäten mit der Familie möglich sein sollten.

Mit diesen Abmachungen fuhren wir los, die Männer in Herrn Schmids nagelneuem BMW voneweg, meine Tochter und ich in der

Rostbeule hinterher. Die Reiseroute und die Zwischenstationen orientierten sich dann aber nicht an der Suche nach einer Ferienwohnung für uns, sondern daran, wo es unterwegs die besten Kuchen gab, und trotz meiner wiederholten und dringlichen Einwände steuerte Herr Schmid unbeirrt sein Reiseziel an. Wir mußten also in einem teuren Hotel absteigen, und unsere Reisekasse schmolz innerhalb einer Nacht auf die Hälfte zusammen. Ich war so was von wütend, traurig und verletzt durch dieses Gebaren von Herrn Schmid, und mir dämmerte, daß die Familie und die Kinder unter diesen Voraussetzungen auf der Strecke bleiben würden. Ich sah keine Möglichkeit für eine gemeinsame Fortsetzung der Reise, und heulend fuhr ich mit den Kindern wieder zurück. Zu dritt verbrachten wir dann noch eine wunderschöne Ferienwoche in den Dolomiten, und wir versuchten, das beste aus der veränderten Situation zu machen.

Wiederholt kam es in der Anfangszeit zu solchen und ähnlichen Kollisionen. Das war für beide Seiten sehr schmerzhaft, denn sicherlich war Herr Schmid der Meinung, er würde in seiner großzügigen Art alles recht machen. Er war sich bestimmt gar nicht bewußt, wie sein Verhalten in manchen Bereichen auf uns wirkte. Wir unsererseits haben uns ebenfalls mit viel Idealismus und gutem Willen auf dieses gemeinsame Wohn-Lebens-Projekt mit einem alten Menschen eingelassen. Ich war bemüht, Herrn Schmid alles so gut und schön zu machen, wie ich irgend konnte.

Einzige Einschränkung in meinem Bemühen waren meine Kinder. Und wenn ich den Eindruck gewann, daß die Waagschale zu ihren Ungunsten ausschlug, schrillten bei mir alle Alarmglocken. In solchen Situationen gelang es mir auch, meine Scheu Herrn Schmid gegenüber zu überwinden, Position zu beziehen und unsere Bedürfnisse zu benennen. Solche Auseinandersetzungen waren schwierig und kräftezehrend, aber notwendig, weil sie zeigten, wo jeder steht.

Nachdem wir uns zusammengerauft hatten, uns gegenseitig schätzten und mochten, Möglichkeiten und Grenzen einigermaßen abgesteckt waren, haben wir unserem Zusammenleben auch eine verläßliche juristische Form gegeben. In einem notariellen Testament setzte er uns als Erben seines Hauses ein, und wir schlossen einen Pflegevertrag mit ihm. Dieser Vertrag beinhaltete, daß Herr Schmid mit unserer Hilfe solange wie irgend möglich in seiner Wohnung leben sollte. Davon abweichende Lösungen, die aufgrund eines verschlechterten Gesundheitszustandes notwendig werden könnten, wären nur nach Absprache mit einem Arzt möglich. Der Weg zu dieser Entscheidung war anstrengend und gewiß nicht frei von Hindernissen gewesen, aber für beide Seiten waren diese klaren und eindeutigen Abmachungen eine Erleichterung fürs Zusammenleben; sie boten eine Grundsicherheit, und obwohl bei Herrn Schmid die Kräfte geistig und körperlich merklich nachließen, kamen wir für die nächste Zeit in ein ruhigeres Fahrwasser.

Ich habe für Herrn Schmid gekocht, gewaschen und geputzt, und wir gingen zusammen einkaufen. Er war mir wirklich dankbar für meine Arbeit, hat mir auf seine Art immer wieder gezeigt, daß er mich schätzt, und in solchen Augenblicken ist ihm dann auch das „Du" 'rausgerutscht. Schön war, wenn er mir während des Kochens sämtliche Lieder und Arien, deren er mächtig war, vorsang- und spielte. Das heißt, schön im künstlerischen Sinne war es nicht mehr, aber mir hat's gefallen.

Da Herr Schmid selber merkte, daß er immer wieder Ausfälle geistiger Art hatte, zog er sich noch stärker von allen Menschen zurück. Er schämte sich seines Alterungsprozesses und wollte unbedingt eine Fassade aufrecht erhalten. Menschen, die ihn besuchten, brüskierte er und wies sie zurück. Einen nach dem anderen hielt er sich die Leute vom Hals und wurde immer einsamer. Wir hielten diesen Prozeß nicht für gut und versuchten gegenzusteuern, indem wir frühere Freunde und Kollegen einluden. Da Herr Schmid Freude am Musizieren hatte, luden wir auch befreundete Menschen ein, um gemeinsam Hausmusik zu machen. Diese Versuche endeten aber jedesmal in einem Desaster, bei dem man nicht wußte, ob man lachen oder weinen sollte. Herr Schmid fühlte sich total gestreßt und überfordert.

Herr Schmid konnte auch sehr eigensinnig sein. So saß er beispielsweise ein Dreivierteljahr im verdunkelten „Diazimmer" und erlaubte mir nicht, den Rolladen hochzuziehen, auch wenn ich mit Engelszungen auf ihn einredete und er wochenlang kein einziges Dia anschaute. Dabei wurde sein Rücken immer krummer.

Obwohl er panische Angst vor jeder Erkältungswelle hatte, weil er stets den erneuten Ausbruch einer Tuberkulose befürchtete, weigerte er sich strikt, sich von einem Arzt untersuchen zu lassen. Er stellte seine Diagnosen selbst und versuchte sich der homöopathischen Mittel zu erinnern, die seine Frau ihm früher verordnet hatte. Jede Woche mußte ich ihm tütenweise Medikamente einkaufen, die er wild durcheinander einnahm.

Da Herr Schmid keinen Alkohol trank, hatte er gelegentlich von den homöopathischen Mitteln, die ja meist in einer Alkohollösung geboten werden, einen Schwips. Vor allem in den letzten beiden Jahren versetzte er sich gelegentlich binnen einer halben Stunde in einen Zustand, daß man hätte denken können, seit langem hätte sich niemand mehr um ihn gekümmert: Die Haare standen wirr vom Kopf ab. Beim Essen verkleckerte er sich von oben bis unten, und orientierungslos irrte er in der Wohnung umher. Bereits am hohlen, stakkatoartigen Klang seiner Schritte erkannte ich seinen Zustand, und mir kam es immer so vor, als wäre sein Körper, vom Geist verlassen, zurückgeblieben. Meist gelang es mir, ihn zurückzuholen, indem ich ihn berührte und auf ihn einredete.

Was Herrn Schmid ganz lange zusammengehalten hat, waren seine Bildungs- und Kulturreisen. Er reiste in allen Ferien, und mein Mann hat ihn dabei begleitet und beschützt. Dieses Beschützen war auch wirklich notwendig, denn leider mußten wir immer wieder feststellen, daß es Menschen gibt, die mit zielsicherem Instinkt die Hilflosigkeit alter Menschen schamlos ausnutzen. Wie oft mußten wir beispielsweise erleben, daß Herr Schmid von Verkäufern und Kellnern, die ihn alleine wähnten, übers Ohr gehauen wurde. Waren Ferien in Sicht, ging ein Ruck durch Herrn Schmid, und er nahm wieder Haltung und Façon an. Er beschäftigte sich intensiv mit seinen Reisevorbereitungen, und dieses Tun wirkte wie ein Lebenselixier auf ihn. So konnte er Tage damit zubringen, ein Köfferchen mit Tütchen zu füllen, die jeweils ein Weleda Hustenbonbon, eine Salbeipastille und ein Spucktuch enthielten.

Die letzte Reise unternahmen die beiden etwa eineinhalb Jahre vor Herrn Schmids Tod, und jetzt zeigte sich, daß eine solche Unternehmung nicht mehr möglich war. Bereits in der ersten Nacht geisterte

Herr Schmid orientierungslos im Hotel herum, fing an zu schreien und zu randalieren, und mein Mann brachte ihn kaum zur Ruhe. Anderntags auf der Rückreise wurde vor einem Museum in Amsterdam noch das Auto aufgebrochen, und die Koffer wurden geklaut. Über den Inhalt von Herrn Schmids nagelneuem Diplomatenköfferchen werden sich die Diebe sicher gewundert haben; es war angefüllt mit den Dingen, die für Herrn Schmids Grundsicherheitsbedürfnis unverzichtbar waren: Weleda Hustenbonbons, Salbeipastillen, Spucktücher und jede Menge Hosenträger.

Als keine Reisen mehr möglich waren, wurde es sehr schwierig. Herr Schmid verlor jetzt zunehmend das Zeitgefühl. Oft geisterte er nachts herum und verlangte das Frühstück. Er verlor jegliches Maß und Ziel und wurde durch das unkontrollierte Essen auch immer dicker und unbeweglicher. Da ihm das Gehen zunehmend schwerer fiel, schafften wir von seinem Schlafzimmer einen direkten Zugang ins Bad. Seit über dreißig Jahren auf den umständlichen Weg über mehrere Treppen ins Bad programmiert, war er aber nicht in der Lage, den direkten und viel bequemeren Weg neu anzunehmen. Aus einer Kur, die Herr Schmid gerne wahrnehmen wollte, und bei deren Planung ich bereits große Bedenken gehabt hatte, kam nach zwei Tagen der Anruf: „Holen Sie sofort Ihren Herrn Vater ab!" Wie von mir bereits erwartet, hatte er sich auch dort nicht in den Tag-Nacht-Rhythmus einfügen können.

Da ich kaum noch eine Nacht durchschlafen konnte, Tag und Nacht in Anspannung und immer auf dem Sprung war, ging es mir auch zunehmend schlechter. Ich konnte das Haus nur noch nach Absprache mit meinem Mann verlassen, weil Herr Schmid mit Sicherheit irgend etwas angestellt hätte, sobald er alleine war. Einmal mußte ich kurz weg, um die Kinder in der Schule abzuholen, und als ich zurückkam, hatte sich Herr Schmid schreiend im Haus eingeschlossen, und mir war der Zugang versperrt. Es war schrecklich. Schließlich mußte ich das Fenster einschlagen, um hinein zu kommen. In dieser Zeit schaute ich mich nach Hilfe von außen um. Wir engagierten einen Medizinstudenten, der an zwei Nachmittagen nach Herrn Schmid schauen und mit ihm spazierengehen sollte. Obwohl der junge Mann nicht unbedarft war und schon Erfahrungen in Alters- und Pflegeheimen gesammelt hatte, fand er seinen Dienst bei uns sehr entnervend. Es spielten sich auch unbeschreibliche Szenen ab, die ich nicht wiedergeben kann. Bald stand ich wieder alleine da.

Ich hatte immer Angst gehabt vor dem, was man landläufig unter „richtiger" Pflege versteht – mit Bettpfanne und allem Drum und Dran. Damals sehnte ich mich danach. Herr Schmid war kein „Pflegefall". Aufgrund seiner Desorientierung war es zwar nicht möglich, ihn auch nur für eine Stunde allein zu lassen. Da er aber nicht krank oder gar bettlägrig war, gab er immer wieder zu verstehen, daß er ja eigentlich niemand brauche. Hatte er dann wache Momente und wurde sich seiner Ausfälle bewußt, war er entsetzt über sich selbst. Er schämte sich schrecklich, und ich war es seiner Menschenwürde schuldig, ihm seine Ausfälle nicht noch hinzureiben, sondern diskret darüber hinwegzugehen. Mich in diesem schwierigen Spannungsfeld zu bewegen, kostete mich enorme Kraft.

Damit Herr Schmid auch äußerlich einigermaßen der Norm entsprach, mußte ich mit unendlicher Geduld und Sanftmut immer wieder auf ihn einwirken, ihn beknien. Er ließ nichts und niemanden an sich heran. Wenn ich ihn angefaßt hätte, um ihm bei der Körperpflege behilflich zu sein, hätte er geschrien, bis die Nachbarn die Polizei geholt hätten. Damals habe ich mir geschworen, niemals jemandem, der alte Menschen betreut und pflegt, aufgrund des äußeren Scheins zu unterstellen, daß er seine Schützlinge vernachlässigt oder gar verwahrlosen läßt.

Ich hätte das alles nicht so lange durchgestanden, wenn mir Herr Schmid nicht auch immer wieder seine liebenswürdigen Seiten gezeigt hätte. Er war so was von wohlerzogen, anständig und charmant, daß er mich in seiner Not und Hilflosigkeit ans Herz rührte, öfters auch um den Finger wickelte und ich manches einfach auch von der humoristischen Seite nehmen konnte.

Einige Zeit nach der geplatzten Reise konfrontierte mich Herr Schmid mit einem Wunsch, der mir ganz skurril erschien, und den ich zunächst nicht deuten konnte. Er wollte sich vom Schneider einen goldenen Anzug maßanfertigen lassen. Ich hatte wirklich große Probleme mit diesem Wunsch, denn mein Kopf war damals voll von den Elendsbildern aus den rumänischen Waisenhäusern. Als ich versuchte, Herrn Schmid seinen Einfall auszureden, fing er an zu weinen und sagte, er hätte sich doch schon immer so einen goldenen Anzug gewünscht – gewünscht für Veronika, seine Frau. Ich weiß nicht mehr, ob es mir damals oder erst später klar wurde, daß sich Herr Schmid jetzt auf seine letzte große Reise vorbereiten wollte. Auf jeden Fall konnte ich mich seinem Wunsch nicht verschließen, und aus einem ganz feinen, golden glänzenden Wollstoff wurde der Anzug geschneidert. Wir haben nie darüber geredet, mehr und mehr habe ich mich sowieso anders mit Herrn Schmid verständigt als durch Worte, aber wenn er zu Hause gestorben wäre, hätte ich ihm diesen Anzug anstelle des Totenhemds angezogen – für seine Veronika, mit der er mich immer wieder konfrontierte, und die die ganzen Jahre mit uns gelebt hat.

Es kommt ja immer alles zusammen, und als ich für zwei Wochen – mein Mann war mit den Kindern weggefahren – allein mit Herrn Schmid zu Hause war und auch noch mitten in den Prüfungen für meinen Hauswirtschafterinnenabschluß steckte, bekam Herr Schmid einen leichten Schlaganfall und stürzte. Ich brachte ihn nicht mehr alleine hoch, und nach einigem Hin und Her überwies der herbeigerufene Notarzt Herrn Schmid ins Krankenhaus. Als der Krankenwagen kam, klammerte sich Herr Schmid an mir fest, weinte und sagte: „Jetzt geht's mit mir zu Ende."

Und es war auch wirklich der Anfang vom Ende. Gewohnt an einen großzügigen Lebensstil, den er ja auch mit aller Macht bisher zu halten suchte, fand er sich plötzlich in einem Zwölfbettzimmer wieder – ausgeliefert der Schulmedizin, deren Zugriff er sich bisher mit Erfolg entzogen hatte. Es wurden allerhand Untersuchungen an ihm vorgenommen, die aber keine konkreten Ergebnisse, geschweige denn Hilfe brachten. Herr Schmid war nicht mehr Herr Schmid, sondern ein Herz, eine Leber, eine Niere, eine Lunge. Damit er wenigstens aus dem Zwölfbettzimmer herauskommen sollte, ließen wir ihn auf eigene Rechnung auf die Privatstation verlegen. Dies hatte noch eine Intensivierung der Untersuchungen zur Folge, denn jetzt war es erst recht attraktiv, die Kuh zu melken. Auch in seinem Privatzimmer war Herr Schmid todunglücklich. Bei Besuchen stierte er vor sich hin, und es war kaum möglich, Kontakt mit ihm aufzunehmen. Er war so allein, und ich konnte nichts für ihn tun.

Weil wir weder verwandt waren noch eine Vormundschaft für Herrn Schmid vorweisen konnten, war es fast unmöglich, als Gesprächspartner für die Ärzte in Frage zu kommen. Und wenn es nach hartnäckigen Bemühungen gelang, den Zipfel eines weißen Kittels zu erhaschen, verschanzten sich die Ärzte hinter ihren noch ausstehenden Untersuchungsergebnissen. Ich aber suchte dringend nach einem kompetenten und verständnisvollen Arzt, mit dem ich die häusliche Pflegesituation hätte besprechen können, überlegen, wie es weitergehen sollte – und ich wurde maßlos enttäuscht.

Herr Schmid wehrte sich dann auf seine Art. Er machte ins Bett, drückte die Bettstelle durch, weil er glaubte, gefangen gehalten zu werden, und rannte nachts krakeelend über die Flure. Nach diesen Störungen hatten es die Ärzte plötzlich sehr eilig, Herrn Schmid loszuwerden. Von heute auf morgen, ohne jeglichen Pflegeplan, ohne Perspektive, wie wir mit der veränderten Situation zu Hause umgehen sollten, wurde Herr Schmid entlassen. Nachdem sich sein Zustand durch den Schlaganfall weiter verschlechtert hatte, konnte ich mir nicht mehr vorstellen, wie ich ihn zu Hause treppauf, treppab bewegen sollte. Ich war der Meinung, daß jetzt der Zeitpunkt für einen Wohnungstausch innerhalb des Hauses gekommen war. Gleichzeitig waren mir aber ohne Absprache mit einem Arzt die Hände gebunden.

Es gelang uns schließlich, eine Nachsorgeeinrichtung zu finden, wo wir Herrn Schmid unterbringen konnten. Hier fühlten sich sowohl Herr Schmid als auch ich ernst- und angenommen, und hier fand ich auch verständige Gesprächspartner in der Ärzteschaft. Herr Schmid kam wieder zu sich, und in einem lichten Moment nahm er Kontakt zu seinem Notar auf. Aufgrund der Erfahrung in der Klinik – seiner und unserer Hilflosigkeit – bestellte er uns jetzt als Vormund. Er veranlaßte, daß wir alle seine Angelegenheiten regeln sollten, wenn er nicht mehr in der Lage dazu wäre. Nach Absprache mit dem Notar und den Ärzten richteten wir jetzt innerhalb von zwei Wochen für Herrn Schmid die Wohnung im Erdgeschoß her, wo alles ebenerdig war, und bezogen den ersten und zweiten Stock.

Das war natürlich ein großer Eingriff, seine gewohnte Hülle war ihm genommen, und zitternd wartete ich darauf, wie er diese Veränderung aufnehmen würde. Als er wieder zu Hause war, weinte er zunächst vor Rührung und Dankbarkeit. Insgesamt war er aber sehr stark zurückgeworfen und desorientiert. Mehr als je zuvor war meine Anwesenheit Tag und Nacht gefordert. Außer einer Krankenschwester, die am Vormittag die Grundpflege übernahm, hatte ich kaum Hilfe. Innerhalb weniger Wochen sind mir die Kräfte ersatzlos davongeflossen. Eine Bekannte, die wahrnahm, wie schlecht es mir ging, bot von sich aus an, Nachtwachen zu übernehmen. Da Herr Schmid aber alle Menschen außer mir ablehnte, mußten wir diese und andere Versuche wieder abbrechen. Auch einen zweiwöchigen Urlaub, während dessen mein Mann Herrn Schmid betreuen wollte, mußte ich vorzeitig abbrechen.

Geholfen haben mir in dieser schwierigen Zeit die Gespräche mit der Priesterin unserer Gemeinde. Immer wenn ich, geplagt von Selbstzweifeln aller Art, kurz vor dem Ausrasten war und nicht mehr wußte, wie es weitergehen sollte, habe ich mich an sie gewendet. Sie hat mir zugehört, die Gespräche entlasteten mich, und schließlich hat sie mir auch aufgezeigt, daß ich so nicht weitermachen konnte. Daß ich auch den Kindern gegenüber verpflichtet bin, die ihr Leben noch vor sich haben.

Damit ich mich wieder erholen konnte, gaben wir Herrn Schmid für drei Monate in Kurzzeitpflege. Und siehe da – es war wie ein Wunder, Herr Schmid blühte dort auf. Bei meinen Besuchen traute ich meinen Augen nicht, als ich sah, wie gut Herr Schmid gehen und wie manierlich er essen konnte. Es muß wohl so ein Effekt gewesen sein wie früher bei seinen Reisen, die ihm auch Halt und Fassung verliehen. Und außerdem erkannte ich, wie ungut es ist, wenn das soziale Element fehlt. Hier war Herr Schmid einer unter vielen, er war nicht mehr das „Einzelkind" wie bei mir zu Hause. Bei mir hielt er Stöckchen, und ich sprang. Hier nahm er die Gemeinschaft wahr, und es gelang ihm sich einzufügen. Da er auch den Eindruck hatte, der Gebildetste von allen zu sein, verlangte er sich zusätzlich noch eine Vorbildfunktion ab. Am liebsten hätte ich ihn dort gelassen, aber weil es sich um einen Kurzzeitpflegeplatz handelte, war dies leider nicht möglich.

Und dann mußten wir noch durch ein ganz tiefes Tal. Die zwei Monate, die Herr Schmid dann wieder zu Hause verbrachte, haben mich seelisch und körperlich so entkräftet, daß es selbst Menschen, die mich kaum kannten, ins Auge fiel. Eine Rund-um-die-Uhr-Pflege mit ausgebildeten Kräften war finanziell nicht möglich, und so konnte ich die Situation zu Hause nicht mehr halten. Schweren Herzens entschlossen wir uns, nach einem Dauerplatz in einem Alters- und Pflegeheim zu suchen. Nach unzähligen erfolglosen Anfragen fanden wir schließlich eine Möglichkeit. Seine letzten Monate führten ihn dann über zwei Pflegeheime und vorübergehend sogar in die Psychiatrie. Nach diesem letzten Aufbäumen kam Ruhe über ihn. Alles Irdische, alle liebgewonnenen Gewohnheiten, waren jetzt unwichtig für ihn geworden.

Nach einer durchwachten Sommernacht, in der ich mit den Gedanken immer bei Herrn Schmid war, nahm ich morgens um sechs die Todesnachricht entgegen. Ich war ganz gefaßt darauf, denn mir war, als hätte ich diese letzte Nacht mit ihm gewacht.

In den Tagen zwischen der Todesnachricht und der Aussegnung fühlte ich mich wie durchlässig, wie in einer Art Ausnahmezustand. Da die Priesterin unserer Gemeinde meinen Mann gebeten hatte, die Abschiedsrede für Herrn Schmid zu halten, weil wir ihm am nächsten gestanden sind, haben wir uns in diesen Tagen nochmals ganz intensiv mit seiner Biographie beschäftigt. Beim Sichten der Unterlagen merkten wir, wie wenig wir die ganze Zeit von ihm gewußt hatten. Erst jetzt konnten wir für viele Verhaltensweisen Erklärungen finden, Zusammenhänge herstellen und vieles besser verstehen. Zwischendurch sind wir immer wieder in die Leichenhalle gegangen, in der Herr Schmid aufgebahrt war, um Totenwache zu halten. Auch wenn ich mir eine freundlichere Umgebung gewünscht hätte, hinderte mich dies nicht daran, in diesen Tagen des Abschieds nochmals auf eine ganz innige und verständnisvolle Weise mit Herrn Schmid verbunden zu sein. Ich hatte das Gefühl, daß wir uns all unsere Fehler, unsere Mißstimmigkeiten und Unzulänglichkeiten verzeihen konnten, und ich hoffte, daß mein Tun und meine Bemühungen auch vor seiner Veronika Bestand haben würden.

Auch die Trauerfeier fand ich so stimmig. Herr Schmid hatte einmal geäußert, daß er bei seiner Verabschiedung gerne das „Lerchenquartett" gespielt hätte. Dies war dann leider nicht möglich. Stattdessen musizierte ein mit Herrn Schmid und uns befreundetes Paar, das mich in seiner innigen Zusammengehörigkeit an Herrn Schmid und seine Veronika erinnerte. Als die beiden das „Ave Maria" und Herrn Schmids Lieblingslieder intonierten, freute ich mich, weil jetzt auch Herr Schmid und seine Veronika wieder zusammenkommen durften. Während der Feier tobte ein heftiges Gewitter. Dann herrschte ein kurzer Augenblick absoluter Stille. In diese Stille hinein war plötzlich lauter Vogelgesang zu hören – und ich bin überzeugt, daß es alles Lerchen waren. Die letzten Sätze der Ansprache meines Mannes lauteten: „Obwohl Gewitter und Stürme den Aufstieg mühsam machten, war kurz vor seinem Erdenabschied erlebbar, daß er sein letztes großes Reiseziel erreicht hatte. Hubert Schmid hat das Tal verlassen."

Im Anschluß an die Feier luden wir noch die gemeinsamen Freunde, ganz im Sinne von Herrn Schmid, zum „Kaffetieren" ins Haus ein. In heiterer und gelöster Atmosphäre saßen wir in der „Kapelle" zusammen, redeten und erzählten von Herrn Schmid und seiner Veronika, und sie waren uns so nahe, als säßen sie mitten unter uns.

„Ruhe- und rastlos begann ich, mich zwischen Kindererziehung, Altenbetreuung und Berufstätigkeit aufzureiben"

Lotte, 54 Jahre, geschieden, zwei erwachsene Töchter, Lehrerin; betreute, versorgte und pflegte über einen Zeitraum von insgesamt zehn Jahren drei alte Menschen – ihren Vater, ihre Mutter und ihre Tante. Das Gespräch fand zwei Jahre nach dem Tod der Mutter statt, die als letzte gestorben ist.

Meine Eltern waren verbunden durch eine große Liebe, und so sind wir Kinder in einer sehr liebevollen und harmonischen Familienatmosphäre aufgewachsen. Mein Vater war Pfarrerssohn und der älteste von vier Brüdern. Diese Stellung in der Geschwisterreihe hat ihn stark geprägt. Beruflich ist er in die Fußstapfen seines Vaters getreten. Später in der Familie war er es, der das Heft in der Hand hatte, und meine Mutter hat ihm diese Aufgabe gerne überlassen. Es entsprach ihrem Wesen, in seinem Windschatten mitzusegeln, und er ließ sie mitsegeln, ohne sie zu ducken. Sie war ihm Gesprächspartnerin, er hörte auf ihre Meinung.

Wenn mein Vater zu streng war, versuchte Mutter zu vermitteln und auszugleichen. Wie gerne wären wir zum Beispiel an Fastnacht zusammen mit den Dorfkindern verkleidet auf der Gasse herumgesprungen oder hätten bei der „Klopfete", einer Art Bettelgesang, mitgemacht. Mein Vater war aber der Meinung, daß sich solche Lustbarkeiten für Pfarrerskinder nicht geziemten. Wir waren natürlich sehr traurig über diese Verbote. Unsere Mutter ließ dann ihre Hausarbeit stehen, ging mit uns in den Wald und spielte mit uns in unserem Lägerle.

Meine Mutter strahlte immer eine große Heiterkeit und Fröhlichkeit aus, obwohl auch ihr schwere Schicksalsschläge nicht erspart blieben. Ein Brüderchen von mir ertrank mit vier Jahren beim Spielen im Bach, ein weiteres Kind wurde bei der Geburt von der Nabelschnur stranguliert. Erst nachdem ich selber Kinder hatte, konnte ich ermessen, wie furchtbar und tief der Schmerz und die Verletzungen gewesen sein mußten und noch nachwirkten. Meine Mutter begegnete kleinen Kindern zeitlebens mit großer Ehrfurcht und Freude. Und andere Mütter wurden in ihrer Gegenwart umfangen von einem Gefühl der Dankbarkeit für ihr Kind. Als meine Mutter mit mir schwanger war, hatte sie das Empfinden, das Hermännle, so hieß das ertrunkene Brüderchen, werde ihr wieder geschenkt. Vielleicht rührte daher auch ihre tiefe Verbundenheit mit mir. Obwohl sie bei meiner Geburt bereits einundvierzig Jahre alt war, hatte ich immer das Gefühl, eine junge Mutter zu haben. Sie war sehr beweglich, hat mit uns gespielt, ging mit uns Schlittenfahren, und bis ins hohe Alter haftete ihr etwas Jungmädchenhaftes an.

Als der Vater im Krieg war, zog meine Mutter mit uns Kindern zu ihren Eltern. Auch hier herrschte eine liebevolle und tolerante Familienatmosphäre. Im Haus der Großeltern hatte Tante Anna, die ältere Schwester meiner Mutter, das Sagen. Tante Anna hatte die Rolle der Versorgerin, sie bestimmte, wer wieviele Albertle fürs Unkrautjäten und artiges Benehmen bekam, und weil ich beim Essen und auch sonst kaum stillsitzen konnte, versuchte sie ihr Erziehungsglück über Strichlisten und Zehnerle zu erreichen.

In jüngeren Jahren arbeitete Tante Anna in der Augenklinik in Stuttgart. Später hat sie ihre Eltern versorgt und gepflegt, und als sie diese Aufgabe erfüllt hatte, half sie innerhalb und außerhalb der Verwandtschaft, Kinder großzuziehen, Haushalt zu führen und gebrechliche Menschen zu betreuen und zu pflegen. Tante Anna hätte eigentlich studieren sollen, denn sie war eine sehr kluge und gescheite Frau. Aber in ihrer Generation war so eine Perspektive noch kaum denkbar.

Mitte der 60er Jahre bauten meine Eltern zusammen mit Tante Anna in S. ein Haus. In diesem schwäbischen Dorf sind meine Mutter und Tante Anna als Pfarrerskinder aufgewachsen. Zeitlebens hat meine Mutter uns Kindern vermittelt, daß hier ihre Heimat sei, und sie hat uns auch immer zu Besuchen dorthin mitgenommen. Als mein Vater in den Ruhestand ging, zogen meine Eltern nach S. Auch Tante

Anna hatte hier ihren Wohnsitz, war aber zunächst nur gelegentlich da. Die meiste Zeit half sie bei Verwandten aus. Erst nach einem Oberschenkelhalsbruch mußte sie ihre Aktivitäten einstellen und seßhaft werden.

Die Wohnung im Erdgeschoß gehörte meinen Eltern, die Wohnung im ersten Stock Tante Anna. Defacto hatte sie dort aber nur ihr Schlafzimmer, und die drei führten in der unteren Wohnung einen gemeinsamen Haushalt. Ich glaube, meine Eltern wären manchmal auch ganz gern allein gewesen. Das Verhältnis der Schwestern war nicht immer spannungsfrei, denn Tante Anna fühlte sich immer verantwortlich für die "kleinere Schwester". Auch wenn diese inzwischen schon fast achtzig und noch wesentlich besser beieinander war als sie selbst, glaubte sie stets, die Jüngere mit "guten Ratschlägen" versorgen zu müssen. Im großen und ganzen haben die drei aber gut zusammen gelebt.

Als meine Eltern und Tante Anna bereits über achtzig waren, merkte ich, daß manches nicht mehr so richtig klappte bei den dreien und daß sie verstärkt Hilfe und Unterstützung brauchten. Ich war schon die letzten Jahre häufig zwischen S. und N., wo ich mit meinen beiden Mädchen wohnte, gependelt, um den Rasen zu mähen, die Hecken zu schneiden, einzukaufen und nach dem Rechten zu sehen. So war ich immer viel unterwegs. Da abzusehen war, daß ich binnen kurzem wieder in den Schuldienst zurück mußte, die drei alten Menschen aber immer mehr Hilfe benötigten, war klar, daß es so nicht weiter gehen konnte. So machte ich mich mit dem Gedanken vertraut, nach S. zu ziehen, um die Betreuung und Pflege der drei zu übernehmen.

Die Alternative wäre gewesen, das Haus über kurz oder lang zu verkaufen und die drei alten Menschen in ein Alters- und Pflegeheim umzusiedeln. Das wollte aber keines von uns vier Geschwistern. Erstens wollten wir die Eltern und Tante Anna nicht ins Heim geben, und zweitens hätte es bedeutet, die Heimat für uns alle aufzugeben. Wir hätten dann nirgends mehr einen Platz gehabt, an dem wir uns alle hätten treffen können mit dem Gefühl, hier beheimatet zu sein. Als wir im Geschwisterrat die Lage besprachen, waren die andern natürlich froh über meinen Vorschlag. Meine Schwester erklärte sich auch bereit, mich bei der Pflege zu unterstützen. Meine Brüder sahen sich nicht in der Lage, bei der Pflege mitzuwirken, veranlaßten aber, daß das Haus dann an mich und meine Schwester für unsere Arbeit übertragen wurde. Die Geschwister, vor allem mein ältester Bruder, mahnten mich, mir meine Entscheidung gut zu überlegen, denn es war abzusehen, daß es eine schwere Aufgabe werden könnte.

Ich fühlte mich damals sehr stark. Meine beiden Mädchen waren aus "dem Gröbsten" heraus, die Trennung von meinem Mann hatte ich verkraftet, und ich war für eine neue Aufgabe bereit und offen. Durch die harten Jahre des Getrenntlebens hatte ich zu einem tragenden Glauben gefunden. Ich wußte, daß nicht ich mein Leben bestimmte, sondern daß es eine Führung gab, die ich erkennen und zulassen mußte. So habe ich auch in dieser Zeit, in der eine neue und schwerwiegende Entscheidung anstand, viel gebetet. Eines Morgens bin ich dann aufgewacht mit dem klaren Wissen: Du mußt nach S. gehen. Du wirst es schaffen, wie immer alles kommt.

Aber ehe wir dann im darauffolgenden Sommer umzogen, war noch manche Hürde zu überwinden. Vor allem mit der mentalen Blockade meines Vaters hatte ich nicht gerechnet. Er legte zwar seit Jahren großen Wert auf mein regelmäßiges Kommen und war sehr dankbar dafür, aber ich spürte ganz deutlich, daß er sich innerlich gegen meinen Umzug sperrte. Mit eiserner Disziplin hielt er sich aufrecht, war unnahbar und wollte sich keine seiner Aufgaben abnehmen lassen. Für ihn, zeitlebens der Patriarch in der Familie, gewohnt, die Entscheidungen für sich und die Familienmitglieder zu treffen, war es äußerst schwierig, das Heft aus der Hand zu geben, dazu auch noch an die jüngste Tochter, der er in den letzten Jahren immer der größte Helfer gewesen war.

Diese Abwehrhaltung, zwar nicht benannt, aber deutlich spürbar für mich, zog sich über mehrere Monate hin, bis meine Mutter einen üblen Husten bekam, zuviel starken Hustensaft trank und dadurch völlig matt und untätig wurde. Mein Vater erkannte jetzt schlagartig, wie nötig er eine zuverlässige Hilfe im Haus brauchte. Er sagte zu uns: „Das war ein Fingerzeig des Himmels." So konnte mein Vater nun seinen Widerstand aufgeben. Mit seiner vollen Unterstützung konnte ich unseren Umzug vorbereiten. Zusammen mit guten Freunden renovierte ich die Wohnung im ersten Stockwerk und baute im Dachgeschoß noch ein Zimmer aus, eine Art Refugium für mich. Die entstehenden Belästigungen durch Lärm und Baudreck nahmen die drei klaglos hin.

Ein Vierteljahr später brach mein Vater zusammen. Schon seit Jahren machte ihm sein Hüftleiden zu schaffen, war die Parkinsonsche Krankheit schleichend auf dem Vormarsch, und immer wieder litt er auch unter Herzrhythmusstörungen. Jetzt, da er die Verantwortung abgegeben hatte, brach auch das äußere Korsett zusammen. Von diesem Zeitpunkt bis zu seinem Tod war der Aktionsradius meines Vaters aufs Bett, auf seinen Sessel und den Rollstuhl beschränkt. Am Tag unseres Einzugs saß mein Vater in seinem Sessel und strahlte übers ganze Gesicht. Ich hatte das Gefühl: „Jetzt bist du angekommen; jetzt hast du deinen Platz gefunden." Auch wenn es später dann sehr schwer wurde, hat diese Grundstimmung angehalten, und ich habe meine Entscheidung keinen Tag bereut oder in Frage gestellt.

Überaus wichtig war auch, daß sich die Kinder hier im Haus und im Dorf vom ersten Tag an wohl fühlten. S. war schon in den Jahren zuvor zu ihrer Heimat geworden. In den ersten zwei Jahren fühlte ich mich rundum glücklich und zufrieden, und ich glaube, ich habe mich weder zuvor noch danach im Leben so stark und sicher gefühlt wie in dieser Zeit. Mein Vater konnte mich anfangs noch beraten und in alles einweisen; er übertrug mir auch die Verfügungsgewalt über alles, was mit dem Haus undsoweiter zu tun hatte.

Mit meinen Geschwistern kam es zu einer notariellen Übereinkunft, in der die Zuständigkeiten geklärt wurden. Mein ältester Bruder veranlaßte diese Regelung, und ich war froh und dankbar, daß ich an dieser Stelle nicht die treibende Kraft sein mußte, daß die Brüder aus freien Stücken auf ihren Erbteil verzichteten. Ich denke, daß die klare Linie, auf die wir uns alle zusammen geeinigt haben, eine wichtige Basis war. So konnten meine Schwester und ich hier arbeiten, ohne daß wir von schlechten Gedanken an die Brüder zermürbt worden wären. Auch wenn sie mit der direkten Pflege dann nichts zu tun hatten, haben sich die Brüder durch Briefe, Telefonate und Besuche rührend um die Eltern gekümmert. Das war eine gute und wichtige Ergänzung unserer Arbeit, denn gerade auch die Beziehung zwischen meiner Mutter und meinem ältesten Bruder war besonders innig.

Wie gesagt, waren die ersten zwei Jahre in S. sehr schön. Im ersten

Jahr war ich auch noch nicht berufstätig. Ich konnte mich um die Kinder kümmern, habe für die drei alten Leute eingekauft, geputzt, gewaschen; bin mit dem Vater spazieren gegangen, habe Gymnastik mit ihm gemacht, morgens und abends beim Aufstehen und Ins-Bett-Bringen geholfen. Am Vormittag kam auch eine Krankenschwester von der Diakoniestation, die beim Waschen und Baden meines Vaters half. An manchen Nachmittagen ging ein Zivildienstleistender mit meinem Vater spazieren. Am Anfang herrschte eine lebendige Geselligkeit im Haus. Ich war glücklich und stolz, daß diese Hausgemeinschaft durch meine Anwesenheit ermöglicht wurde und daß ich die Generationen so miteinander verbinden konnte. Ich war zwar der Motor, der alles am Laufen hielt, aber ich fühlte mich nicht überfordert, eher bereichert, konnte auch mit meinen Töchtern – mit gewissen Einschränkungen – ein eigenes Familienleben führen.

Als alle drei Alten noch lebten, haben sie ihre gewohnte Einheit gebildet, die Frauen haben gekocht und den Vater liebevoll umsorgt. Er wurde zwar immer schwächer, aber auf eine geheimnisvolle Art und Weise verströmte er Kraft und Energie. Ich denke, daß ihm in diesen letzten eineinhalb Jahren eine gute Zeit geschenkt wurde. Je hinfälliger er wurde, desto weicher wurde er; alles Harte, Strenge, Verkniffene fiel von ihm ab. Er mußte sich versorgen lassen wie ein kleines Kind, und es wurde von ihm genommen, daß ihm dies etwas ausmachte. Alles Irdische, in dem er so stark verhaftet war, fiel von ihm ab. Auch sein Geist war nicht mehr so wach, und er konnte manches, was ihn früher aufgeregt hätte, einfach ausblenden. Er hat diese Welt nach und nach verlassen, und er konnte seinen Zustand annehmen.

Nach Weihnachten hatte mein Vater Wasser in der Lunge, und der herbeigerufene Hausarzt meinte: „Jetzt kommt die Zeit der Apparate." Ich spürte aber, daß mein Vater keine Apparate, sondern geistlichen Beistand brauchte. So rief ich den Dekan, dessen Beziehung zu meinem Vater von gegenseitiger Wertschätzung geprägt war, und der mich auch ermutigt hatte, ihn anzurufen, wenn wir Hilfe benötigten. Wohltuend für mich war dann, daß er auch das Gespräch mit mir suchte, daß er sich nach meinem Ergehen erkundigte, ehe er zu meinem Vater ging. Ich glaube, daß dieses letzte Zusammensein der beiden sehr wichtig war und daß sich mein Vater danach „reisefertig" fühlte.

Für den Neujahrstag, also zwei Tage später, vereinbarten wir noch ein Hausabendmahl mit der ganzen Familie. Aber soweit kam es nicht mehr. Als meine Schwester bereits am Nachmittag des Altjahrabends bei uns eintraf, strahlte mein Vater sie an. Er hatte inzwischen Fieber bekommen, und nachdem er meine Schwester begrüßt hatte, fiel er in einen ruhigen Schlaf, atmete aber hörbar. Meine Mutter und meine Schwester wechselten sich mit dem Sitzen am Bett ab und versuchten, durch das Befeuchten des Mundes, Linderung zu verschaffen. Ich wußte meinen Vater gut versorgt und besuchte den Silvestergottesdienst. Dort berührte es mich besonders, daß der Pfarrer ein Fürbittgebet für die Sterbenden sprach. Bei meiner Rückkehr erlebte ich gerade noch Vaters letzten Atemzug. „Es ist vollbracht" – dieses Aufatmen war meine erste Regung. Dankbarkeit mischte sich mit Schmerz.

Als ob er den Tod geahnt hätte, meldete sich kurz darauf der Dekan. Er kam ans Totenbett, betete mit uns, segnete den Vater und stellte die ganze Familie unter den Segen. Eine friedliche Atmosphäre umgab uns alle in dieser Silvesternacht, gepaart mit einem starken Gefühl von Zusammengehörigkeit und des Geführtwerdens. Wir saßen zusammen, redeten, schauten alte Fotoalben an und spielten mit den Kindern. Auch für sie hatte dieser Tod nichts Furchterregendes oder Erschreckendes. Sie sagten anderntags: „Sterben ist doch nichts Schlimmes." Der Tod meines Vaters hat mich irgendwie noch einmal gestärkt. Ich war froh und dankbar, daß uns allen die gute Erfahrung eines friedlichen Weggehens aus dieser Welt geschenkt worden war. Hinzu kam, daß ich jetzt wieder mehr Zeit hatte, weil mich die Pflege des Vaters doch stark in Anspruch genommen hatte und ich ein halbes Jahr zuvor meine Berufstätigkeit wieder hatte aufnehmen müssen.

Einige Monate nach dem Tod meines Vaters fiel mir eine Reise nach Kreta in den Schoß. Die Umstände, die diese Reise in die Gänge brachten, könnte man als „Zufall" bezeichnen – ich empfand sie aber eher als „Führung". Ich hatte „per Zufall" eine griechische Reiseleiterin kennengelernt, die die Reise vermittelte. So verbrachte ich, zusammen mit der Großmutter und meinen beiden Mädchen, eine wunder-

bare Woche in einem kleinen kretischen Steinhaus in einer zauber-
haften Landschaft. Mit einem Mietauto machten wir Ausflüge und er-
kundeten so die Insel. Schön war auch, daß meine 85jährige Mutter
alles mitmachen und sich daran erfreuen konnte. Nachdem ich zuvor
so stark in den Alltag eingespannt gewesen war, konnte ich diese Früh-
lingswoche in Griechenland ganz intensiv genießen und neue Kräfte
schöpfen. Mit Schwung und Freude nahm ich zu Hause meine Aufgaben in der Schule und der Familie wieder in Angriff. Diese zuver-
sichtliche Grundstimmung hielt auch bis in den Sommer hinein an.

Bei den beiden Frauen hatte der Tod meines Vaters aber doch eine
starke Lücke gerissen, und ihre Schwesternkonflikte haben sich vielleicht auch noch verstärkt. Auf jeden Fall wurde die Betreuung der
beiden nicht einfacher, sondern schwieriger. Tante Anna begann nach
und nach tüddelig zu werden. In völliger Verkennung der Realität
glaubte sie, auf die man inzwischen am meisten aufpassen mußte, immer noch, die Mädchen hüten zu müssen. Das war natürlich oft sehr
nervig und gipfelte darin, daß die Kinder auch mal fragten: „Mama,
wann stirbt denn die Tante Anna endlich?"

Für mich begann damals eine Zeit starker Anspannung. Morgens,
wenn die Mädchen aus dem Haus waren und bevor ich in die Schule
hetzte, wickelte ich Tante Anna die Beine und kleidete sie „unterirdisch" ein. Nach langem Hin und Her, und nachdem alle Polster bereits gerochen haben, konnte ich sie schließlich dazu überreden, daß
wir Windeln und Einlagen verwenden müssen. Einmal versuchte ich,
Tante Anna und uns was Gutes zu tun, indem ich sie in ein Erho-
lungsheim im Schwarzwald brachte. Nach zwei Tagen mußte ich sie
wieder abholen, weil sie dort weder mit sich selbst noch mit der fremden Umgebung zurechtkam. In dieser Zeit gingen mir zunehmend die
Reserven aus. Das machte sich unter anderem auch in einer hartnäckigen Nebenhöhlenvereiterung bemerkbar, die über zwei Jahre immer wieder aufflackerte.

In dieser Zeit unterzog sich meine Mutter einer Staroperation, die
leider nicht den erhofften Erfolg brachte. Dies machte ihr anfänglich
schwer zu schaffen, zumal viele belastende Arztbesuche damit verbunden waren. Zum Glück ist meine Schwester immer wieder tage-
und wochenweise gekommen, um mich zu entlasten. Ich machte mit

den Kindern Urlaub und ging auch ab und zu für ein Wochenende weg, um mich zu erholen. Dieser Wechsel war auch für Tante Anna schön, weil sie und meine Schwester einander sehr nahe gestanden sind. Die beiden konnten sich über das aktuelle Tagesgeschehen austauschen, und Tante Anna wollte alles erfahren über die Dritte-Welt-Projekte, für die sich meine Schwester engagierte.

Tante Anna wurde zunehmend hinfälliger. Vor allem das Gehen bereitete ihr immer mehr Schwierigkeiten. Trotzdem ist sie jeden Tag aufgestanden, hat sich, nachdem sie von mir „unterirdisch" versorgt worden war, bescheidenst, wie es ihre Art war, nicht etwa im Bad, sondern am kleinen Waschbecken im Klo gewaschen, frisiert und sich vollends angezogen. Diese Prozedur beanspruchte den ganzen Morgen, und als sie schließlich mit äußerster Selbstdisziplin auch noch den Treppenabstieg in die untere Wohnung geschafft hatte, wo meine Mutter mit dem Frühstück auf sie wartete, war es halb zwölf.

Vor ihrem Todestag, ich mußte damals mit meiner Mutter zum Augenarzt, blieb Tante Anna erstmalig den ganzen Tag im Bett. Als wir nach Hause kamen, half ich ihr aus dem Bett und brachte sie wie üblich zum Abendbrot in die untere Wohnung. Plötzlich rief meine jüngere Tochter: „Mama komm schnell, die Tante Anna macht so dumme Sachen!" Mit unkontrollierten Bewegungen und ohne klares Bewußtsein hatte sie begonnen, den Tisch abzuräumen; sie fuchtelte wild und unruhig herum und war nicht richtig ansprechbar. Mit äußerster Not und Kraftanstrengung gelang es meiner Mutter und mir, sie in ihr Bett zu bringen. Wir blieben beide bei ihr, sangen alle Kirchenlieder vorwärts und rückwärts, bis Tante Anna schließlich sagte: „Jetzt hört aber endlich auf – singt morgen weiter."

Völlig erschöpft und am Ende meiner Kraft, versuchte ich, im Nebenzimmer noch etwas für den nächsten Schultag vorzubereiten. Auf dem Teppichboden schlief ich dann ein. Bald wurde ich durch Geräusche aus Tante Annas Zimmer wach. Ich fand eine schrecklich unruhige Tante vor, die ständig mit ihrem Stock im Bett herumfuhrwerkte. Sie hat mich in der Nacht auch gerufen. Ich glaubte, sie wolle aufs Klo, und während sie sich überall festklammerte, zerrte ich sie durch die Wohnung. Es war schrecklich. Ich wurde ungeduldig und schimpfte sogar noch mit ihr. Gegen Morgen ist sie dann still geworden und hat ruhig geschlafen. Als ich in die Schule ging, setzte sich meine Mutter an ihr Bett, und Tante Anna ist nicht mehr aus ihrem Schlaf erwacht.

Noch lange Zeit hat mich belastet, daß ich in dieser Nacht so ungeduldig war. Ich wollte gar nicht mehr daran denken, machte mir Vorwürfe, weil ich nicht sanftmütiger hatte sein können. Als anderntags meine Schwester da war, fühlte ich mich trotzdem unendlich befreit und erleichtert. Wieder hatte ich eine Aufgabe – so gut ich es konnte – zu Ende gebracht, hatte einen Abschluß geschafft, hatte eine Last weniger. Nach Tante Annas Tod hatte ich wieder Kraft und Schwung für meine Aufgaben. In der Schule und mit den Kindern hatte ich eine gute Zeit. Ich freute mich über meine neue Freiheit und meine Mutter, die noch so beweglich war.

In den ersten zwei Jahren nach Tante Annas Tod, als es meiner Mutter noch recht gut ging, hat meine Schwester unsere Mutter auch öfters für einige Wochen mit zu sich nach Hause genommen. Diese kostbare freie Zeit habe ich sehr geschätzt und genossen. Trotzdem wurde ich einige Monate nach Tante Annas Tod von einem mulmigen Gefühl beschlichen. Ich bin damals mit meiner Schwester zusammengesessen, und wir überlegten gemeinsam, welche größeren Ereignisse mir in absehbarer Zeit bevorstehen würden: Nächstes Jahr war die Konfirmation meiner älteren Tochter, übernächstes Jahr Mutters neunzigster Geburtstag, und im Jahr darauf die Konfirmation meiner jüngeren Tochter und mein fünfzigster Geburtstag. „Oh je, wie soll ich das alles alleine schaffen!", dachte ich und konnte mich nicht gegen die Vorahnungen wehren, die da in mir hochstiegen.

Und die Vorahnungen sollten mich nicht trügen. Natürlich waren es nicht die Feste, die an meinen Kräften zehrten, aber die damit verbundenen Lebensabschnitte. Die Konfirmation mit vierzehn Jahren bedeutet auch Abschied von der Kindheit und Eintritt ins Jugendalter – mit allen damit verbundenen Irritationen und Turbulenzen. Auf jeden Fall hatte ich das Gefühl, meine beiden Mädchen, die bis dahin so unkompliziert gewesen waren, bei einer ganz gefährlichen Gratwanderung begleiten zu müssen, bei der sie auch hätten abstürzen können. Ich mußte immer hellwach sein, und da ich alleinerziehend bin, konnte ich die Last der Verantwortung auch mit keinem Partner teilen.

Meiner Mutter ging es bis in ihr neunzigstes Jahr recht gut. Sie war nach wie vor beweglich; ich half ihr beim Baden und machte Spaziergänge mit ihr. Was ihr am meisten fehlte, waren ihre Altersgenossen, Freunde und Gesprächspartner, die alle nach und nach weggestorben waren. Am Vormittag beschäftigte sie sich damit, Teile des Mittagessens, das wir nach Tante Annas Tod gemeinsam in der oberen Wohnung einnahmen, vorzubereiten. Sie putzte Salat oder schälte Kartoffeln, und wenn ich von der Schule kam, stand sie erwartungsvoll an der Haustür, um mich zu empfangen.

Das war natürlich lieb und gut gemeint, aber genau das, was ich nach einem anstrengenden Vormittag in der Schule nicht brauchen konnte, nämlich mich gleich wieder auf jemanden einzulassen und zu reden. Ich hätte wenigstens eine halbe Stunde gebraucht, um nichts zu sehen , nichts zu hören, alleine zu sein, um wieder zur Besinnung zu kommen. Stattdessen kochten wir dann gemeinsam das Mittagessen, und nach dem Essen bin ich oft fast am Tisch eingeschlafen, weil bei meiner Mutter das Essen so endlos lange dauerte. Oft wäre ich am liebsten davongelaufen, habe gedacht: „Oh Gott, wie lange geht das noch! Erstens dieses Essen und zweitens dieser Zustand überhaupt. Wie lange noch wird mir mein Lebensrhythmus von außen diktiert?"

Und dann hatte ich wieder so ein schlechtes Gewissen. Meine Mutter war ja zeitlebens immer so voller Liebe und Güte gewesen; war allen Menschen gegenüber ohne jeglichen Arg, hat niemals über jemanden gelästert oder geschimpft. Auch jetzt gab sie mir nie ein schlechtes Wort, war immer nur lieb. Und ich rastete aus, wenn morgens, bevor ich in die Schule mußte, ihr Bett naß war; oder wenn ich mittags heimkam und die Postfrau mir mitteilte, meine Mutter sei im Garten gestürzt, und sie habe sie dort gefunden. Ich schimpfte dann und machte meiner Mutter Vorwürfe, weil sie nicht im Haus geblieben war während meiner Abwesenheit. Nach solchen Vorfällen dachte ich oft: „Hoffentlich stirbt sie heute nicht. Das wäre schrecklich, wenn sie mich so verlassen würde."

Bei mir waren inzwischen sämtliche Reserven aufgebraucht. Ruhe- und rastlos begann ich, mich zwischen Altenbetreuung, Kindererziehung und Berufstätigkeit aufzureiben. Zunehmend stellten sich Unsicherheits- und Unzulänglichkeitsgefühle ein. Obwohl ich für die

Schule wahnsinnig viel gearbeitet habe, fühlte ich mich auch hier völlig flattrig und unzulänglich. Ich magerte ab, wachte nachts mit Angstgefühlen auf und konnte nicht mehr schlafen. Nur am Sonntag in der Kirche war ich völlig entspannt. Sobald der Pfarrer den Mund zum ersten Predigtwort aufmachte, hätte ich mich auf die harte Kirchenbank legen und selig schlafen können. Der regelmäßige Besuch des Gottesdienstes war gerade in dieser schwierigen Zeit ganz wichtig für mich. Hier war ein Raum der Stille, in dem ich für eine Stunde aller Verpflichtungen los und ledig war. Im Gebet konnte ich abladen. Nicht immer, aber immer wieder schöpfte ich Kraft aus einem Psalm, einem Liedvers, einem Gebet.

In diese Zeit fiel ein vierwöchiger Aufenthalt in einer anthroposophischen Kurklinik. Anstatt mich selbst verwöhnen zu lassen, fühlte ich mich verantwortlich für das Wohlergehen meiner Mitpatientinnen. Ich kam zurück mit einer nicht ganz ausgeheilten Harnwegsinfektion und einem Rucksack voller Ideen für die Schule und unserer Ernährung auf Vollwertbasis. Die Ideen waren sicherlich gut, aber ich war nicht gesund und konnte den eingeschlagenen Weg nicht alleine weitergehen. Mit neuen Ansprüchen an mich selbst brachte ich mich vollends ans Ende meiner Kräfte. Meine Mutter war zeitlebens eine gute Zuhörerin, und so bekam sie auch mit, wie es um mich bestellt war. Ich konnte ihr alles erzählen, und sie hörte zu, ohne mir Ratschläge zu erteilen. Und vor allem ist sie nicht in Panik ausgebrochen, jammerte nicht, „was wird jetzt aus mir". Vielmehr hat sie meinen Zustand mitgetragen, war bescheiden und hat geduldig gewartet.

Inzwischen hatte ich gemerkt, daß ich mir Hilfe von außen holen mußte. Ich fand eine Heilpraktikerin, die mir allmählich zu meinem inneren und äußeren Gleichgewicht zurückverhalf, und ich begann eine Therapie, die hauptsächlich auf Atem- und Entspannungsübungen basierte. Dieses Eingeständnis, eine Therapie nötig zu haben, war ein Wahnsinnsschritt für mich, aber ich war einfach so am Ende, daß ich keinen anderen Ausweg mehr sah. Auch für meine Mutter hatte ich jetzt viel Hilfe von außen. Ich leistete mir eine Zugehfrau fürs Sauberhalten der Wohnung. Frauen von der Nachbarschaftshilfe besuchten meine Mutter, und mittwochs beziehungsweise donnerstags kamen regelmäßig zwei Freundinnen von mir, die sie an diesen Tagen betreuten. Sie gingen spazieren, sangen und rezitierten Gedichte mit ihr. Was da an Austausch und Gesprächen entstand, hätte ich meiner Mutter niemals geben können. Dazu war ich selbst immer viel zu sehr am Rennen. Es war aber nicht so, daß die Besucher einbahnstraßenartig nur meiner Mutter etwas gaben – oft sagten die Frauen zu mir, daß auch sie durch das Zusammensein mit meiner Mutter bereichert und beschenkt würden. Auch meine Töchter sind gerne zur Großmutter gegangen, weil sie dort eine Oase der Ruhe und Geborgenheit vorfanden.

Als wir bei meiner Mutter einen Knoten in der Brust feststellten, riet uns der Hausarzt dringend zu einer Operation, in die wir einwilligten. Bis heute mache ich mir Gedanken, ob diese Entscheidung richtig war. Allein die Voruntersuchungen und die Nachbehandlung waren eine derartige Tortur. Die Wunddrainage entzündete sich, und über Wochen mußten wir täglich zur Kontrolle und zum Verbinden in die Klinik fahren. Ganz abgesehen von den Schmerzen ist allein das mit der Behandlung verbundene Drumherum eine gewaltige Anstrengung für einen alten, gebrechlichen Menschen: Anziehen, rein ins Auto, die Fahrt, einen Parkplatz suchen, der einen möglichst kurzen Fußweg zur Folge hat, raus aus dem Auto, manchmal längere Distanzen zu Fuß überwinden. Allein diese tägliche Prozedur hat uns erschlagen. Meine Mutter hat darüber nie geklagt, wurde auch wieder gesund, aber sie ging sehr geschwächt aus dieser Operation hervor.

Einige Monate nach dem Eingriff wurde meine Mutter immer stiller; sie ließ das Leben los und zog sich mehr und mehr in sich selbst zurück. Sie war noch da, aber doch entrückt. Bis kurz vor ihrem Tod rührte sie auf eine bemerkenswerte Art und Weise die Anwesenheit und der Anblick kleiner Kinder an. Sie war dann immer von einer innigen und ansteckenden Freude erfüllt, und aus tiefster Seele heraus sagte sie: „So ein goldiges Kindlein." Mehr äußerte sie kaum noch. Sie hörte auch auf, abends zu beten. Ich brachte sie zu Bett, betete und sang ihr etwas vor. Übers Sterben hat meine Mutter nicht geredet. Ich glaube aber nicht, daß sie Angst vorm Sterben hatte, zumal sie in der Lebensmitte bereits ein Nahtoderlebnis gehabt hatte. Sie war damals schwer krank, lag im Koma, und die Ärzte hatten die Hoffnung bereits aufgegeben. Sie erzählte später immer wieder, wie herrlich dieser Zustand gewesen sei, erfüllt von wunderbarem Licht und überirdisch schöner Musik – bis sie eine Stimme hörte, die immer wieder sagte: „Laura, komm, wir brauchen dich noch." Es war die Stimme ihres Mannes, der sie zu sich und den Kindern zurück geholt hatte.

Ich selbst habe mich in diesen ganzen Jahren der Altenbetreuung ständig mit dem Tod und dem Sterben auseinandergesetzt. Diese Jahre halfen mir zum Leben und zum Sterben. Zum Leben, weil ich gute Tage und Gesundheit nicht mehr so leichthin als Selbstverständlichkeit hinnehme, sondern dankbar dafür bin. Weil ich immer wieder Menschen fand, die mir weiterhalfen und die mir Gutes taten. Weil das Grundvertrauen in mir gewachsen ist, daß auch im tiefsten und finstersten Tal immer wieder ein Licht angeht. Zum Sterben halfen mir die Jahre der Pflege, weil der Tod nichts Erschreckendes hat, wenn er in seiner lebenssatten Form wie bei meinem Vater, meiner Mutter und Tante Anna daherkommt.

Die letzte Phase des Zusammenlebens mit meiner Mutter war noch einmal richtig gut. Mir selbst ging es jetzt wieder besser. Meine Mutter ließ sich versorgen, war inzwischen federleicht geworden. Sie lag viel im Bett, immer mit der Katze als Hüterin. Ich mußte jetzt keine Angst mehr haben, daß sie unberechenbare Dinge tun würde, die mich zuvor in ständiger Alarmbereitschaft gehalten hatten. An den lauen Sommerabenden schob ich sie im Rollstuhl durch die Felder, erzählte etwas und sang ihr Sommerlieder vor. Ich hatte das Empfinden, daß wir wieder eins geworden sind.

In den Sommerferien verreiste ich mit meiner älteren Tochter für zwei Wochen nach England. Ich verabschiedete mich von meiner Mutter mit dem Gefühl, daß alles in Ordnung war zwischen uns. Meine Schwester übernahm während dieses Urlaubs die Betreuung unserer Mutter. In der Nacht vor unserer Rückkehr starb sie. Ich konnte es zuerst gar nicht glauben, daß sie jetzt wirklich tot war. Sie lag so schön und hoheitsvoll wie eine Fürstin in ihrem Bett und sah aus, als schliefe sie.

Die Beerdigung war an einem schönen frischen Sommertag, und ich stellte mir vor, wie meine Mutter jetzt über den duftenden Linden davonschwebt. Ich war überwiegend erfüllt von großer Dankbarkeit und Erleichterung. Dankbar dafür, daß ich meine Aufgabe zu Ende

hatte bringen dürfen; dankbar dafür, daß die Mutter so friedlich gehen durfte; dankbar, daß die Eltern jetzt wieder zusammen sein dürfen und dankbar, daß meine Schwester und ich leben dürfen. Die Mutter darf jetzt ihren Weg gehen, und wir gehen den unseren.

„Obwohl ich zwischendurch nicht wußte, ob ich die Belastungen durchhalte, war es doch eine gute Zeit"

Martha, 60 Jahre alt, ledig; Krankenschwester im Ruhestand; betreute und pflegte ihre Mutter über einen Zeitraum von ungefähr vier Jahren. Die letzten zwei Jahre bis zum Tod lebte die Mutter bei Martha. Das Gespräch fand knapp fünf Jahre nach dem Tod der Mutter statt.

Meine Mutter wurde 1898 als drittes Kind von zwölf Geschwistern geboren. Der Vater arbeitete als Gipser und Tagelöhner. Vor allem im Winter wurde er von den Bauern zum Dreschen geholt. Selbst noch ein Kind, mußte sich meine Mutter bereits bei anderen Leuten als Kindsmagd verdingen, damit die Familie einen Esser weniger am Tisch hatte. Der Vater konnte nicht alle Mäuler stopfen, und auch die anderen Geschwister mußten sehen, wie sie sich durch allerlei Dienste bei den wohlhabenden Bauern ein Vesper verdienten. Gleich nach der Schule mußte meine Mutter als vierzehnjähriges Mädchen nach Stuttgart in Stellung. Später hat sie noch die Damenschneiderei gelernt, und bis zu ihrer Heirat arbeitete sie in einer Weberei.

Meine Eltern waren beide fest entschlossen, eine eigene Existenz aufzubauen; sie wollten ihren Kindern das Schicksal ersparen, bei fremden Leuten so früh ihr Brot verdienen zu müssen. Mit ihren Ersparnissen und einem Kredit kauften sie sich ein kleines Häuschen und zwei Geißen. Außerdem trieben sie ein Äckerle um. Mit der Zeit kamen noch eine Kuh und ein Schwein dazu, und der Kindersegen ist auch nicht ausgeblieben.

Meine Mutter nähte für die Bäuerinnen im Dorf. Ihre Arbeit war sehr anerkannt. Sie mußte nicht nur zum Flicken herhalten, sondern durfte auch die Hochzeitskleider nähen. Diese Arbeit machte sie vor allem im Winter, wenn die Feldarbeit ruhte, oder abends nach dem

Stall. Tagsüber arbeitete meine Mutter in der Landwirtschaft, für deren ständige Vergrößerung sie und der Vater sich stets einsetzten. Mein Vater ging ins Geschäft. Mit seinem Verdienst und dem Nähgeld der Mutter tilgten sie die Schulden, während die Landwirtschaft die Grundversorgung der Familie mit Nahrungsmitteln sicherte.

Die Kindererziehung war natürlich nicht so heilig damals. Daß die Mutter immer hinten und vorne ist, das hat es nicht gegeben. Meine Mutter erzählte mir noch oft, daß sie mich im großen Garten hinterm Haus immer im Kinderwagen unter einen Baum gestellt hat. Dort hab' ich dann so laut geschrien, daß eines Tages sogar die Nachbarin kam und sich beschwerte. Die Kinder kamen auf die Welt und sind dann eben so mitgelaufen. Ich denke, so sind wir alle vier aufgewachsen. Ich habe noch drei Brüder, die alle einen ordentlichen Beruf erlernen durften. Der älteste wurde Orgelbauer, der nächste lernte Zimmermann und der jüngste Maschinenschlosser. Nur bei mir kam niemand auf den Gedanken, daß ich auch was lernen könnte. Ich muß sagen, das hat mir viel ausgemacht, daß da so mit zweierlei Maß gemessen wurde, daß ich keine Ausbildung bekam, sondern im Gegenteil für die ganze Familie den „Geherda" machen mußte, und daß das als ganz selbstverständlich erachtet wurde.

Als wir Geschwister so im Jugendalter waren, haben meine Eltern ein größeres Anwesen gekauft und sich erneut verschuldet. Zwei Jahre später – ich war damals siebzehn oder achtzehn – starb mein Vater an einem Hirnschlag. Im Dorf wurde dann gleich herumgeschwätzt, „denen wird das Haus verkauft", aber wir haben alle fest zusammengehalten. Meine Brüder sind ja in der Lehre beziehungsweise bereits im Beruf gestanden, und ich war der „Haupttriebel" in der Landwirtschaft. Ich habe von morgens bis abends geschuftet wie ein Ochse. Am Anfang habe ich noch mit dem Pferd gefuhrwerkt, später mit dem Bulldog. Damit ich ein bißchen eigenes Geld verdiente, bin ich in den Wintermonaten ins Geschäft gegangen.

Nach dem Tod meines Vaters hat sich einer meiner Brüder auf dem elterlichen Anwesen als Zimmermann selbständig gemacht. Gleichzeitig hat er die Landwirtschaft ausgebaut. Er betrachtete sie als sein Standbein, falls das Zimmergeschäft nicht von Erfolg gekrönt sein sollte. Mit der Zeit hat sich das aber nicht mehr vertragen. Mehrmals kam es zum Beispiel vor, daß ein Gewitter in die vollbeladenen Heu- und Getreidewägen niederging, weil die Zufahrt zur Scheune durch das Holz aus der Zimmerei versperrt war. Oder ich konnte das trockene Heu nicht einbringen, weil der Bulldog im Zimmergeschäft eingesetzt war. Mit der Unzufriedenheit über diesen Zustand, der mir keinerlei Perspektive bot, wuchs bei mir die Entschlossenheit, mich aus den familiären Fesseln zu befreien.

Mit meinem ersten eigenen Geld kaufte ich einen Überseekoffer. Außerdem lernte ich Englisch. Denn eins war mir klar: Wenn ich den Ausbruch wagen wollte, mußte der Zug mindestens vierundzwanzig Stunden unterwegs sein, sonst würden sie mich wieder zurückholen. Ich war fünfundzwanzig Jahre alt, als ich für ein Jahr als Au-pair-Mädchen nach England ging, und dieser Entschluß kam damals einer wirklichen Revolution gleich. Das kann man sich heute gar nicht mehr vorstellen, welchen Aufruhr das in der Familie und im Dorf verursachte. „Du kannst mich doch nicht so hängen lassen", warf mir meine Mutter vor. „Wie die ihre Mutter hängen läßt", echote das Dorf.

Zwei Wochen vor meiner Abreise hatte ich zusammen mit meiner Mutter die letzte Schuldenrate getilgt. Ich hatte das Gefühl, meine Pflicht erfüllt zu haben. Das Anwesen war jetzt schuldenfrei, meine Mutter bezog eine auskömmliche Rente. Sie stand auf absolut sicheren Füßen. Ihre Näherei machte sie weiterhin, sie trieb einen großen Garten und ein Äckerle um und versorgte die Enkelkinder mit. Abends zog sie oft den Handwagen mit den Kartoffelsäcken und den Kindern obendrauf nach Hause. Sie hatte also weiterhin ihre Aufgaben und ihre sozialen Kontakte im Dorf und in der Familie.

Trotzdem fiel es ihr wahnsinnig schwer, sich von der Landwirtschaft zu trennen. Und sie hat für mein Weggehen keinerlei Verständnis aufgebracht. Meinen Herzenswunsch, ein eigenes Leben zu führen, konnte sie nicht akzeptieren. Sie hat mich nicht richtig freigegeben, und so war ich immer mit einem schlechten Gewissen belastet, das über viele Jahrzehnte mal mehr, mal weniger in mir rumorte.

Nach dem Englandaufenthalt machte ich eine Ausbildung als Krankenschwester, und dieser Beruf hat mich erfüllt. Trotz des strengen Dienstes bin ich oft nach Hause gefahren, habe nach meiner Mutter geschaut, so oft und so gut ich konnte. Selbst im nördlichsten Zipfel

Deutschlands hielt mich nichts mehr, wenn ich wußte, daß zu Hause die Kartoffeln gesteckt oder geerntet wurden, meine Mutter etwas gemalert oder tapeziert haben wollte. Trotzdem fand sie immer, ich sei zu wenig da, während ich das Gefühl hatte, ständig auf der Autobahn zu sein.

Meine Mutter hat dann bis in ihr achtundachtzigstes Jahr ein recht selbständiges Leben geführt, hat auch ihre finanziellen Angelegenheiten bis dahin selber geregelt. Wohl mußte sie im Laufe der Jahre einiges aufgeben, weil es nicht mehr ging, und das waren immer schwere innere und äußere Kämpfe für sie. So hat sie zum Beispiel nicht mehr gut gesehen, nahm aber immer noch Näharbeiten an. Sie konnte den Leuten zum einen nichts abschlagen, hat diese Arbeit ja auch immer so gerne gemacht. Aber wenn sie dann den Leuten die Stoffe verdorben hätte, das wäre sehr peinlich gewesen. Irgendwann drohte ich ihr: „Wenn du nicht aufhörst damit, gehe ich zu den Leuten und sag' ihnen, daß du es nicht mehr kannst." So weit ist es aber nicht gekommen, und irgendwie hat die Näherei dann doch von selbst aufgehört.

Aber als sie so um die achtundachtzig oder neunundachtzig war, wurde sie plötzlich sehr vergeßlich. Bis dahin hat sie sich zum Beispiel jeden Tag warmes Essen gekocht. Das war ihr Programm. Aber das brachte sie jetzt nicht mehr fertig. So bin ich meistens mehrmals die Woche zu ihr gefahren, habe eingekauft, geputzt, gewaschen und den Kühlschrank mit Lebensmitteln gefüllt. Auf diese Art ging es eine Weile so recht und schlecht, aber schließlich klappte auch das nicht mehr. Immer häufiger kam es beispielsweise vor, daß sie die Öffnungen ihrer Gerätschaften verwechselte: Die Holzscheite vom Küchenherd fand ich im Kühlschrank, während das Essen in der ganzen Wohnung verstreut war und schon anfing zu stinken. Sie brachte es auch nicht mehr fertig, gemeinsam vorgekochtes Essen anderntags auf den Gasherd zum Aufwärmen zu stellen.

Ich bin drei- bis viermal die Woche zu ihr gefahren, habe sie auch gebadet, bin sonntags mit ihr in die Kirche gegangen, denn meine Mutter war eine gläubige Frau und der sonntägliche Kirchgang ihr Höchstes. Diese Fahrten waren eine kolossale Belastung für mich neben dem Beruf her, und ich dachte oft: „Wie um alles in der Welt soll das weitergehen?"

Und dann bin ich krank geworden und mußte in Frührente gehen. Ich war medikamentös noch gar nicht richtig eingestellt, da hat meine Mutter den Arm gebrochen. Das war dann vollends der Auslöser für die Übersiedlung zu mir. Ich habe ihr nicht gesagt, daß sie für immer zu mir kommen müsse, sonst wäre sie mir gar nicht ins Auto eingestiegen. Ich habe ihr gesagt: „Mutter, du hast jetzt den Arm gebrochen, und bis das wieder in Ordnung ist, bleibst du bei mir." Das hat ihr natürlich nicht gepaßt. Ich könne ja zu ihr kommen, meinte sie.

Zu diesem Zeitpunkt war sie schon sehr verwirrt, und der Ortswechsel hat das seinige noch dazu beigetragen. So wachte sie fast jede Nacht auf und fing an zu schimpfen wie ein Rohrspatz, behauptete, jede Nacht in einem anderen „Nest" schlafen zu müssen. Auch ihr eigenes Bett und ein Teil ihrer Möbel, die wir eilends herbeischafften, brachten keine Abhilfe. Sie hatte aber durchaus auch lichte Momente, freute sich über meine schöne Wohnung. Anderntags konnte es vorkommen, daß sie schimpfte, in ihrer Wohnung sei gar nichts mehr in Ordnung, und wütend anfing die Möbel zu verrücken.

Ich habe immer versucht, so gut es ging, auf ihre „ver-rückten" Vorstellungen einzugehen. Verfolgte sie zum Beispiel am Fernsehen einen Gottesdienst mit, durfte ich es nicht versäumen, ihr Handtäschchen und eine Opferbüchse neben ihrem Sessel zu deponieren. Spätestens beim „Vaterunser" begann sie, an ihrem Handtäschchen herumzunesteln, das Opfergeld 'rauszukruschteln, um es nach dem Schlußsegen in die Büchse zu werfen. Sie fühlte sich dann wirklich, als wäre sie in der Kirche.

Nachts ist sie oft aufgewacht und sagte im Brustton der Überzeugung, sie habe heute noch gar nichts zu essen bekommen. Anstatt mit ihr herumzurechten – denn das hätte zu gar nichts geführt, sagte ich: „Das ist ja schlimm, wie sie dich behandeln – ich mach dir was." Wie die Königin von Saba saß sie dann in ihrem Bett, vesperte ein Saitenwürstchen, trank ein Glas Bier und schlief friedlich weiter.

Zu Beginn ihres Aufenthaltes bei mir war sie noch ziemlich gelenkig und hatte ständig den Drang, sich zu bewegen, etwas zu tun. Einmal, während ich in der Küche den Teig knetete, ging sie in der Morgensonne auf der Terrasse auf und ab. Als ich mit meinem Teig fertig war, schaute ich nach ihr – und sie war spurlos verschwunden. Ich suchte das Haus ab vom Keller bis zum Speicher. Rief und fand sie nirgends. Draußen war es spiegelglatt. Bei den paar Schritten zur Garage kam ich selber ins Straucheln. Ich dachte: „Ohje, wenn sie bei der Glätte weggelaufen ist, hat sie nicht nur ein Bein gebrochen." Ich fuhr die ganze Wohnsiedlung ab, geriet in höchste Not und Aufregung. Schließlich entdeckte ich sie – bereits außerhalb der Ortschaft. Wie der Bettelmann zur Kirbe eilte sie einen Feldweg entlang. Ich war fassungslos, denn wenn sie an meinem Arm spazieren ging, kamen wir mit Ach und Krach zum Nachbarn und wieder zurück. Auf meine Frage, wo sie denn so hinpressiere, meinte sie, sie sei auf dem Weg in die Singstunde, dort fehle es an der Zweitstimme. Ich sagte, da ginge ich auch hin, sie könne bei mir einsteigen. Dieses Angebot nahm sie dankbar an, und zuhause schlief sie ihren Ausflug dann ein paar Stunden lang aus.

Sie hatte eigentlich die ganze Zeit, in der sie bei mir lebte, einen Schutzengel. Obwohl sie oft mehrmals am Tag stürzte, einmal fiel sie sogar übers Gartenmäuerle – brach sie nie etwas. Sie wollte ständig etwas schaffen, hatte irgendein Vorhaben im Sinn, aber meistens stürzte sie, bevor sie zur Sache kommen konnte. Dann lag sie irgendwo und rief nach mir. Erschien ich auf der Bildfläche, glaubte sie, eine ihrer Schwestern vor sich zu haben. Oder sie sagte: „Ha – du bist eine aus der Haußergaß." In dieser Gasse hatte sie vor vielen Jahrzehnten mal gewohnt. Einmal, nachdem ich ihr eine ihrer Leibspeisen zubereitet hatte, siedelte sie mich gar in einem ganz fremden Milieu an und verstieg sich dazu, mir das „Du" anzubieten. Das kam übrigens einer großen Auszeichnung gleich, denn mit dem „Du" ist sie zeitlebens sehr sparsam umgegangen.

Am Anfang ließ ich meine Mutter beim Kochen noch mithelfen. Sie war in der ganzen Familie und darüber hinaus dafür bekannt, die Spätzle besonders fein schaben zu können. Das wollte sie auch bei mir so gerne tun. Aber da sie wegen ihrer Arthrose im Knie immer ins Straucheln geriet, fand ich das Arbeiten am kochenden Wasser mit der Zeit doch zu gefährlich. Genauso war es mit dem Bügeln. Als ehemalige Damenschneiderin war es sehr schmerzhaft für sie, diese Tätigkeit nicht mehr ausüben zu dürfen. Sobald ich das Bügelbrett aufstellte, fing sie regelrecht an zu betteln, sie diese Arbeit doch tun zu lassen. Doch das heiße Bügeleisen, gepaart mit ihrer Wackeligkeit, haben das nicht mehr erlaubt.

Wenn ich im Garten arbeitete, flehte sie mich an, ihr doch auch eine Hacke zu geben. Sie hat dann zwar alles kurz und klein gehackt, aber ich ließ sie so lange gewähren, bis sie eines Tages über die Hacke stürzte und sie auch diese Tätigkeit aufgeben mußte. Ich setzte sie im Garten so in ihren Sessel, daß sie mich sehen konnte, und sagte, sie solle schauen, ob ich's richtig mache. Mit diesem Kompromiß konnte ich sie dann zufriedenstellen. Im übrigen hat sie sich sehr über meine Gartenerfolge gefreut. Besonders meine „gschlaachten" Rettichle mochte sie so gerne.

Das Versorgtwerden mit gutem Essen hat sie sehr genossen. Sie nahm auch zu, und der Arzt riet mir sogar, ich solle ihr weniger zu Essen geben. Diesen Rat habe ich aber nicht befolgt. Das hätte sie nicht eingesehen, und das Essen war ja eine der wenigen Freuden, die ihr noch geblieben waren. Morgens habe ich sie oft gefragt, worauf sie denn Appetit hätte. Sie meinte dann bescheiden: „Ich bin nicht schleckig, ich esse alles." Machte ich ihr einen Vorschlag, der nicht so ganz ihren Vorstellungen entsprach, guckte sie mich schelmisch an und meinte: „Ein Brätesle wär' auch was Gutes." Das fand ich so drollig, es ist bei uns bis heute ein geflügeltes Wort, und selbstverständlich habe ich ihr das Brätesle nicht abgeschlagen.

Eine weitere Leibspeise meiner Mutter waren Saitenwürstle. Davon hatte ich immer einen Vorrat in der Gefriertruhe. Nachdem sie einmal zum Vesper bereits ein Pärchen verzehrt hatte – und das ist ja für einen alten Menschen eine ganze Menge –, druckste sie so herum und fragte schließlich: „Meinst du, es wäre arg aushausig, wenn ich noch mal ein Würstle essen tät?" Für sie, die immer so sparen mußte, war es einfach etwas ganz Wunderbares, drei Saitenwürstchen essen zu dürfen, und das hat mich gefreut.

Schön waren unsere gemeinsamen Morgenandachten. Meine Mutter war eine sehr gläubige Frau und hat ihr ganzes Leben lang auch immer alles von dieser Seite genommen. Und mir haben die Morgenandachten auch gut getan, sie haben mir sicherlich über manches Schwere weggeholfen. Innezuhalten, ehe ich mich ins Tagwerk stürzte, die Kraft zu erbitten für den neuen Tag mit seinen unvorhersehbaren

Ereignissen; zu danken, damit der Blick auf all das Gute, das mir geschenkt wurde, wachgehalten bleibt – das waren und sind tragende Eckpfeiler für mich.

Von Stund an, da meine Mutter bei mir lebte, mußte ich mich völlig auf sie einstellen. Ich konnte nicht mehr weggehen, wann und wie es mir in den Sinn kam, geschweige denn in Urlaub fahren. Ich konnte nur noch Dinge tun, bei denen ich sie dabei haben konnte. Hatte ich irgendwelche Erledigungen mit dem Auto zu machen, sagte ich listig: „Du, Mutter, ich sollte heute einen Beifahrer haben – würdest du da mittun?" „Ha klar – dich lasse ich nicht allein", meinte sie dann gönnerhaft, und so gingen wir beispielsweise einkaufen. Ich hab' sie dann im Auto eingeschlossen, bin im Eiltempo durch die Läden gerast – immer mit der Unsicherheit, was sie wohl anstellen würde. Und wehe, wenn sie unterwegs in der Stadt Pipi machen und ich sie auf der Suche nach einem geeigneten Platz durch die Gegend zerren mußte! Aber irgendwie ist es immer gegangen.

Das Wasser hat sie bis zum Schluß gehalten wie ein junges Mädchen. Da ich stets um sie war, bekam ich auch ein Gefühl dafür, wann ich sie zum Klo führen mußte. Im ganzen ist ihr nur dreimal was in die Hose gegangen. Das war ihr dann jedesmal so peinlich, daß sie die nassen Unterhosen versteckt hat. Zu diesem Zweck hat sie den freien Platz hinter meiner Bibel auserkoren.

Mit dem Gehen wurde es immer schwieriger, und damit ich auch noch ein bißchen an die frische Luft kam, besorgte ich einen Rollstuhl. Aber da hatte ich die Rechnung ohne die Wirtin gemacht, denn im Rollstuhl spazieren gefahren zu werden – das war das Letzte! Es war ihr peinlich vor den Leuten, so „nichtsnutzig" und „untätig" herumgeschoben zu werden. Hatte man sie doch einmal gegen ihren Willen in dieses Gefährt hinein verfrachtet, schimpfte und protestierte sie von Anfang bis Schluß der Fahrt, und diese Spaziergänge waren für mich dann auch nicht gerade das reine Vergnügen!

So ans Haus und meine Mutter gefesselt, war es für mich sehr wichtig, daß meine Freundin auch im Haus lebte und ich jemanden hatte, mit dem ich reden und mich austauschen konnte. Meine Freundin hat auch ab und zu auf meine Mutter aufgepaßt und mir so ermöglicht, daß ich zwischendurch mal guten Gewissens weggehen konnte. Allerdings war meine Mutter immer sehr unruhig, wenn ich weg war. Sie lief hin und her und war im Wartestand.

Eine andere Freundin pflegte zur gleichen Zeit ihren ebenfalls hochbetagten Vater. Mit ihr habe ich damals fast täglich telefoniert. Oft wurde uns die Komik von Situationen, die wir mit unseren Schützlingen erlebt hatten, erst beim gegenseitigen Erzählen so richtig bewußt. Häufig haben wir am Telefon schallend über ihre „Streiche" und „Sprüche" gelacht, über die wir uns kurz zuvor noch fürchterlich aufgeregt hatten. Der Vater meiner Freundin machte ihr gelegentlich das Leben schwer mit seiner Sparsamkeit. Als er sie einmal beobachtete, wie sie den Salat zwei- oder gar dreimal wusch, meinte er mißbilligend: „An dem Läusle wärst du auch nicht erstickt!" Gelegentlich haben wir unsere Schützlinge auch zusammengeführt. Das war richtig nett mit den beiden. Meine Mutter betreute, betüttelte und bediente den Franz die ganze Zeit von vorne bis hinten, vergaß dabei ganz ihre eigene Versorgung. Und darauf folgte dann eine jener Nächte, in denen sie sich beschwerte, den ganzen Tag nichts zu essen bekommen zu haben.

Wenn wir Besuch hatten – je mehr desto besser, das hat meiner Mutter sehr gefallen. Sonntags war bei uns immer High life. Da sind meine Brüder mit ihren Familien angereist, und wir haben sogar die Taufe eines Urenkels hier gefeiert. Für mich war das auch eine neue und schöne Erfahrung, daß sich die Großfamilie bei mir versammelte. Ich habe mich dann auch mächtig ins Kochen und Backen 'reingekniet. Das war bisher nie so mein Metier gewesen. Ich aß meistens in der Kantine, und so eine große Familie hatte ich eigentlich nie bekocht. Da war ich dann richtig stolz, daß ich das auch hinkriege. Meine Mutter saß immer strahlend mittendrin. So viele Leute um sich herum zu haben und Hahn im Korb zu sein – das gefiel ihr! Wenn ihre Söhne dann weg waren, hat sie meistens gefragt: „Was waren denn das für Herren?"

Meine Mutter war trotz ihrer Verwirrtheit nie bösartig oder wehleidig, sie jammerte kaum. Von ihrer Grundstimmung her war sie sehr liebenswürdig. Aber wenn sie sagte: „Ach, ich bin halt immer allein" – das hat mich schwer getroffen! Jetzt hatte ich doch meinen ganzen Tagesablauf auf sie eingestellt, war immer um sie, hatte schließlich noch den letzten Rest von Privatsphäre, mein eigenes Schlafzimmer, aufgegeben, weil sie auch nachts aufstand und stürzte und ich das nicht immer gleich mitbekommen habe. Und das sollte immer noch nicht genügen! Offensichtlich konnte sie ihre tiefinnerste Sorge – im Alter allein und unversorgt zu sein – nicht mehr ablegen. Sie konnte nicht mehr wahrnehmen, daß sie rund um die Uhr eine ganz persönliche Versorgung und Betreuung genoß, und das hat mir sehr viel ausgemacht. Da habe ich manchmal gesagt: „Ja, dann kann ich ja meine Koffer packen und gehen, wenn du sowieso allein bist!"

Daß die Koffer gepackt wurden, dafür sorgte mein Arzt, der mir nach ungefähr einem Jahr einen sechswöchigen Kuraufenthalt an der Nordsee verordnete. Ich war gesundheitlich und nervlich so angeschlagen, zum einen durch meine Krankheit und zum andern von den unruhigen Nächten und dem ständigen Schlafmangel. Auf alle möglichen Arten habe ich dann versucht, meiner Mutter beizubringen, daß sie jetzt vorübergehend ins Altersheim muß. Das hat sie wohl kapiert, aber nicht akzeptiert. Altersheim – das war für sie das Letzte, das war die Endstation! Ich hatte ein furchtbar schlechtes Gewissen, aber ich habe es dann doch irgendwie geschafft und sie dorthin gebracht.

Und von Stund an hat sie nichts mehr gegessen und die Einnahme ihrer Medikamente verweigert! Das Heim war ganz in der Nähe unseres Heimatortes, und meine Brüder und ihre Familien haben sich in dieser Zeit ganz rührend um die Oma gekümmert – haben sie täglich besucht, ihr gut zugeredet und sie auch gefüttert. Eine meiner Schwägerinnen geht seit dieser Zeit dreimal die Woche über Mittag ins Heim, um dort alten Menschen, die nicht mehr alleine essen können, behilflich zu sein.

Trotz aller Fürsorge war meine Mutter ganz abgemagert, als ich sie wieder abholte, und sie hatte eine offene Stelle am Rücken. Zu Hause habe ich sie dann wieder aufgepäppelt. Sie hatte bereits wieder etwas zugenommen, und der Dekubitus war fast verheilt, als sie so eine Art kleines Schlägle erlitt. Von da an konnte ich pflegen, soviel ich wollte – es gab keinen Fortschritt mehr. Das Loch am Rücken wurde wieder größer, und irgendwie war ihr Lebenswille gebrochen. „Oh wollt nur nicht alt werden!" sagte sie jetzt oft.

Obwohl es einerseits traurig war, daß es ihr schlechter ging, wurde manches auch leichter. So sperrte sie sich zum Beispiel nicht mehr gegen den Rollstuhl, und meine Freundin und ich konnten wunderschöne, ausgiebige Spaziergänge im Schönbuch und im Schwarzwald mit ihr unternehmen.

Als das Ende nahte – das war zu spüren. Wenige Tage vor ihrem Tod hat sie mit einer ganz eigenartigen, durchdringenden, irgendwie auch fremden Stimme meinen Namen gerufen. Das hat sie ja sonst auch immer getan, aber dieses Mal war es ganz anders. Ihr Rufen ging mir durch Mark und Bein und traf mich mitten ins Herz. Im nachhinein wurde mir klar, daß sie sich in diesem Augenblick von mir verabschiedet hat. Von da an hat sie nichts mehr gesprochen und auch nicht mehr gegessen.

Außer an ihrem Todestag holte ich sie jeden Tag aus dem Bett. Am letzten Tag waren ihre Beine schon nicht mehr richtig durchblutet und der Bauch durch die Wasseransammlungen aufgeschwemmt. Ich blieb den ganzen Tag an ihrem Bett sitzen, und gegen Abend löste mich meine Freundin ab. Wir haben Psalmen und Gebete gesprochen, und es war spürbar, daß wir meine Mutter dadurch erreichen konnten, auch wenn sie nicht mehr in der Lage war, mitzusprechen.

Als sie starb, lag sie ganz ruhig in meinen Armen, schlug nur die Augen weit, weit auf. Die Augen drückten großes Erstaunen aus, als könnten sie gar nicht fassen, was sie da schauten. Dann hörte sie einfach auf zu atmen, schlief ganz kampflos und friedlich ein.

Für meine Freundin und mich war es wunderbar, diesen Tod mitzuerleben. Raum und Zeit spielten für einen Augenblick keine Rolle mehr. Wir fühlten uns wie gestreift vom Hauch der Ewigkeit. Wir waren noch lange Zeit sehr bewegt von diesem Erlebnis und sind es eigentlich immer noch.

Es war mir angenehm, meine Mutter noch eine Nacht und fast den ganzen nächsten Tag bei mir zu haben. Mich immer wieder zu überzeugen, daß sie wirklich tot ist. Denn die Vorstellung, daß jemand in den Sarg gesteckt wird, obwohl noch Leben in ihm ist, finde ich etwas vom Schrecklichsten. Von mir aus hätte sie ruhig noch zwei Tage da bleiben können.

Für die Beerdigungspredigt habe ich aus dem Johannesevangelium das Wort „In meines Vaters Hause sind viele Wohnungen" ausgewählt, weil meine Mutter doch den Großteil ihres Lebens damit zugebracht hat, für das Dach überm Kopf zu kämpfen. Daß sie von diesem Kampf jetzt erlöst war, fand ich durch dieses Wort sehr passend und tröstlich ausgedrückt.

Für ihren Leichenschmaus hatte sie sich außer dem obligatorischen Hefekranz noch Kartoffelsalat und Leberkäs gewünscht, und außer den Verwandten sollten auch alle ihre Freunde und Bekannten eingeladen werden. Da hatte sie ihrem geselligen und gastfreundlichen Wesen nochmals Ausdruck verliehen. Alle ihre alten Weiblein und Stundenfrauen sind gekommen und haben mir gezeigt, wie gern sie meine Mutter gemocht und wie sie sie geschätzt haben. Obwohl ich sonst nicht viel von einem Leichenschmaus halte, war es mir eine Genugtuung, daß ich ihr diesen letzten Wunsch noch erfüllen konnte, und es war auch wirklich eine schöne Versammlung.

Nachdem meine Mutter gestorben war, hatte ich noch lange das Bedürfnis, sowohl über das Todeserlebnis als auch über die Zeit der Pflege zu reden. Vielleicht ist es meinen Nächsten manchmal fast zuviel geworden.

Auf jeden Fall bin ich sehr dankbar dafür, daß das Nachlassen der geistigen und körperlichen Kräfte meiner Mutter genau mit dem Lebensabschnitt zusammenfiel, der es mir von den äußeren Bedingungen her überhaupt erlaubte, ihre Betreuung und Pflege zu übernehmen. Solange ich noch gearbeitet habe, wäre es nicht möglich gewesen, und jetzt könnte ich es aus gesundheitlichen Gründen gar nicht mehr. Obwohl ich zwischendurch nicht wußte, wie es weitergehen soll und ob ich die Belastungen durchhalte, war es doch eine gute Zeit, und ich würde es noch einmal genauso machen.

Nach dem Tod meiner Mutter ist es mir jedes Jahr aufs neue eine Labsal, daß ich den Heiligen Abend so verbringen kann, wie ich das gerne tun möchte. Ich freue mich jedes Mal, daß ich ohne schlechtes Gewissen zu Hause bleiben kann, weil ich meine Mutter in einer Wohnung im Hause des Herrn gut aufgehoben weiß.

„Ich war so unendlich froh, als ich die Verantwortung für die tagtägliche Versorgung in andere Hände abgegeben hatte."

Gabriele, 50 Jahre, verheiratet, zwei erwachsene Kinder; Ausbildung als Bankkauffrau; arbeitet im Büro ihres Mannes mit; Ausbildung als Übungsleiterin; der Aufbau und die Leitung von Sportgruppen in der Krebsnachsorge sind ihr ein besonderes Anliegen.

Gabriele betreute die Eltern zwei beziehungsweise drei Jahre lang in einer altersgerechten Wohnung, die sie und ihr Mann in der Nachbarschaft gebaut hatten. Die letzten vier Wochen bis zum Tod verbrachte die Mutter in einem nahe gelegenen Pflegeheim. Das Gespräch fand ein Jahr nach dem Tod des Vaters und vier Monate nach dem Tod der Mutter statt.

Meine Eltern stammten beide aus Leipzig. Vati kam 1919, Mutti 1925 zur Welt. Meine Großeltern mütterlicherseits betrieben ein Elektrogeschäft. Nach dem Krieg übernahm Mutti den Lebensmittelladen ihres früheren Chefs. Sie war damals einundzwanzig Jahre alt und frisch verheiratet. Meine Geburt und die Geschäftseröffnung fielen fast zusammen. Vati, der eine Drogistenlehre und einige Jahre als Soldat hinter sich hatte, arbeitete ebenfalls im Laden mit. Die Jahre, in denen sie gemeinsam das Geschäft führten und die Kinder noch klein waren, empfanden meine Eltern rückblickend als die schönste Zeit ihres Lebens.

Als in der damaligen DDR private Geschäfte zunehmend verdrängt wurden, entschlossen sich meine Eltern Mitte der fünfziger Jahre, im Westen eine neue Existenz aufzubauen. Vati war mit einem Kriegskameraden aus Dinkelsbühl befreundet, und während eines Besuchs hatte er sich bereits nach Arbeitsmöglichkeiten in Westdeutschland umgeschaut.

Ein halbes Jahr vor der Flucht fing Mutti an, unseren Hausrat Schritt für Schritt nach Westberlin zu schaffen. Sie schleppte jedesmal soviel Hausrat von Leipzig nach Berlin, wie sie gerade noch tragen konnte. Freunde von uns schickten die Sachen nach Dinkelsbühl weiter. Bei diesen wöchentlichen Transaktionen nahm Mutti meinen Bruder Klaus oder mich als „Begleitschutz" mit, denn mit einem Kind wurde man in der Regel nicht kontrolliert. Ich war damals zehn Jahre alt und hatte den Vorteil, daß ich beim Tragen schon mithelfen konnte, während mein fünfjähriger Bruder noch am Rockzipfel hing. Allerdings durfte ich nicht jeden Montag in der Schule fehlen – Auffälligkeiten mußten unbedingt vermieden werden!

Am Tag der Flucht reisten Mutti und Klaus mittels der Einladung unserer Freunde ganz offiziell mit dem Zug nach Westdeutschland. Wahrscheinlich nach Geschäftsschluß fuhr Vati mit mir – wiederum als „Begleitschutz" – mit dem Zug nach Ostberlin, und dann mit der S-Bahn weiter nach Westberlin. Es war ausgemacht, daß wir dort bei unseren Freunden übernachten, und anderntags in der Frühe von Westberlin nach Nürnberg fliegen sollten. Dort wollten wir uns mit Mutti und Klaus treffen. Aber als wir spät abends bei unseren Freunden ankamen, fanden wir das Tor dieses riesigen Berliner Mietshauses bereits verschlossen, und es gab keine Möglichkeit zu klingeln oder sich sonstwie bemerkbar zu machen. Vati und ich irrten also durch Berlin, bis wir schließlich Obdach in einem Männerasyl gefunden hatten. Für eine andere Herberge besaßen wir kein Geld. Die Erschöpfung und gleichzeitig die Anspannung jener Nacht werden mir unvergeßlich sein.

Die Freunde in Dinkelsbühl waren herzensgute Menschen. Sie hatten eine kleine Tochter im Alter von Klaus, lebten in einer Zweizimmerwohnung und nahmen uns trotz der beengten Verhältnisse freundlich auf. Während unsere Eltern nach wenigen Tagen Richtung Stuttgart weiterfuhren, um dort nach Arbeit und Wohnung zu suchen, blieben wir Kinder in Dinkelsbühl. Sie fanden zwar rasch eine Anstellung, aber keine Wohnung. „Was, Flüchtlinge – und Kinder haben Sie auch noch!" hieß es bei den Hausbesitzern, und die Türen schlugen ihnen vor der Nase zu.

Als meine Eltern nach drei Monaten nur ein kleines Zimmer aufgetan hatten, brachte uns Mutti zu den Großeltern nach Leipzig zurück. Das wurde ein schlimmes Jahr für uns alle. Klaus hatte Heimweh nach den Eltern und weinte viel – wie auch schon zuvor in Dinkelsbühl. Die Großmutter war streng mit uns Kindern, weil sie mit uns und ihrem Geschäftshaushalt völlig überfordert war. Und ich war auch traurig und verlassen und trug schwer an der Verantwortung für meinen kleinen Bruder. Meine Eltern, vor allem Mutti, haben unter der Trennung von uns Kindern sehr gelitten. In diese Zeit fiel auch der Ungarnaufstand, und da war ständig die Angst, daß die Grenzen für immer zugehen könnten.

Nach einem Jahr brachten uns die Großeltern mit offizieller Ausreisegenehmigung zu unseren Eltern nach Stuttgart. Durch eine Kundin von Mutti, die ebenfalls aus Leipzig stammte und sich beim Hausbesitzer für uns verwendete, war endlich eine Wohnung gefunden worden. Auch ein Vorgesetzter von Mutti hat uns viel geholfen. Er ermöglichte es zum Beispiel, daß Mutti über Mittag schnell heimlaufen konnte, um das Essen zu kochen, oder daß Klaus seine Hausaufgaben in einem Aufenthaltsraum des Geschäfts machen durfte.

Mein Großvater mütterlicherseits starb 1960, und vier Jahre später, bereits im Rentenalter, erhielt meine Großmutter dann die Ausreiseerlaubnis in den Westen und zog zu uns. Sie war noch sehr rüstig und übernahm zu großen Teilen die Haushaltsführung. Mutti war dadurch zwar einerseits entlastet, andererseits führte diese neue Konstellation auch zu vielen Spannungen in der Familie.

Aus dieser Erfahrung heraus hat sich bei mir die Grundeinstellung herausgebildet, daß die Generationen schon füreinander da sein sollten, daß aber auch jeder die Möglichkeit haben sollte, seine Tür hinter sich zuzumachen. Meine Eltern sind innerlich wohl noch weiter gegangen: Als die beiden Ende sechzig, beziehungsweise Anfang siebzig waren, der Alltag doch etwas beschwerlicher wurde und auch noch eine Kündigung wegen Eigenbedarfs des Vermieters vorlag, überraschten sie uns mit dem Plan, in ein Altersheim bei Lübeck übersiedeln zu wollen. Dort hatten sich auch der ehemalige Vorgesetzte von Mutti und dessen Frau niedergelassen, und mit diesem Ehepaar verband meine Eltern eine herzliche Freundschaft. Bei verschiedenen Besuchen fanden es meine Eltern dort sehr schön. Sie meinten, sie könnten sich dieses Heim finanziell leisten und wollten uns Kindern nicht zur Last fallen.

Nun liegt Lübeck zwei Autostunden von uns entfernt, und für die Anreise meines Bruders aus Süddeutschland hätte ein ganzer Tag veranschlagt werden müssen. Wenn also etwas Ernstes gewesen wäre, hätten wir uns beide nicht in der Lage gesehen, auf diese Distanz beispielsweise regelmäßige Krankenbesuche zu machen. Außerdem waren wir beide der Meinung, daß unsere Eltern noch viel zu rüstig seien, um sich bereits zu diesem frühen Zeitpunkt in einem Altersheim niederzulassen. Auf einer Familienkonferenz schlugen wir also den Eltern vor, daß wir uns nach einer geeigneten Wohnung in der Nähe von Klaus oder mir umschauen wollten.

Mein Mann und ich hatten uns bereits vor der Überlegung, wie es mit den Eltern weitergehen solle, mit dem Gedanken getragen, als Altersvorsorge für uns als Selbständige etwas zu bauen oder zu kaufen. Als wir nach unserer Familienkonferenz ein Grundstück in unserer Nähe gefunden hatten, auf dem eine altersgerechte Wohnung in einer Doppelhaushälfte gebaut werden konnte, benötigten wir keine großen Überredungskünste, um unsere Eltern von diesem Projekt zu überzeugen.

Als besonderer Glücksfall kam noch hinzu, daß Freunde von uns mit ihrer Mutter vor demselben Problem standen. Leider hat sich unsere vage Hoffnung, daß sich unsere Eltern vielleicht auch gegenseitig eine Stütze sein könnten, nicht erfüllt. Trotzdem konnten wir uns aber für den Erwerb des Grundstücks, die Planung und den Bau des Hauses zusammentun.

Meine Eltern waren dann wirklich Feuer und Flamme für dieses Vorhaben, und auch als der Hausbesitzer seine Kündigung zurückzog, war es für meine Eltern überhaupt keine Frage, daß sie die Übersiedlung nach Bremen vornehmen wollten. Meine Eltern hatten ja nie ein eigenes Haus, sind im Laufe ihres Lebens immer wieder umgezogen und waren gewöhnt, sich neuen Umständen anzupassen. Vielleicht fiel ihnen deshalb der erneute Umzug nicht allzu schwer.

Ich hatte mich in Bremen bereits nach Begegnungsmöglichkeiten für rüstige Senioren umgeschaut. Meine Eltern nahmen die vorhandenen Angebote gerne wahr, sie machten auch einige Fahrten mit. Auf diese Weise bekamen sie rasch Kontakt zu zwei anderen Ehepaaren, die ebenfalls im selben Zeitraum einen Neuanfang gewagt hatten. Diese drei Paare trafen sich öfters im privaten Rahmen, luden sich gegenseitig zum Geburtstag ein undsoweiter. Auch als Krankheiten und der Verlust des Partners über die Paare hereinbrachen, haben sie den Kontakt miteinander gehalten und sich gegenseitig besucht, soweit es noch möglich war.

Eine gemeinsame Leidenschaft meiner Eltern war das Einkaufen und insbesondere das Vergleichen von Preisen. Sie hatten ja beide ein ganzes Berufsleben lang im Einzelhandel gearbeitet, und so konnten sie sich ganze Tage und Wochen damit beschäftigen, herauszufinden was – wann – wo in Bremen am günstigsten zu erwerben war. Dabei scheuten sie weder Benzinkosten noch Mühen!

In dieser Zeit und bei diesen Gelegenheiten merkte ich allerdings, daß beide Elternteile doch mehr Aussetzer hatten, als mir zuvor auf die große Distanz bewußt gewesen war. So konnte es schon mal vorkommen, daß Mutti völlig aufgelöst bei mir anrief, weil sie vergessen hatte, wo sie sich mit Vati in der Stadt verabredet hatte, und bei den Fahrkünsten meines Vaters mußte ich beide Augen fest zudrücken und auf seine Schutzengel vertrauen.

Mutti hätte mich gerne öfters bei sich gehabt, als ich von mir aus dazu bereit war. Da ich beruflich an keine festen Arbeitszeiten gebunden bin, leuchtete es ihr nicht ein, wenn ich sagte, ich hätte zu diesem und jenem keine Zeit. Vor allem beim Ausrichten von kleineren Festlichkeiten und Geburtstagen spürte ich so eine latente Erwartungshaltung. Ich fand aber, daß sie das, was sie tun konnte, auch tun sollte und habe sie dazu ermuntert. Ich hielt mich öfters bedeckt und konnte mich auch von Schuldgefühlen weitgehend freihalten.

Trotz kleinerer Spannungen und Aufregungen ging es aber die ersten zwei Jahre in Bremen ganz gut – bis mein Vater an „Morbus Wegener" erkrankte. Das ist eine recht seltene Krankheit, die auch schwer zu diagnostizieren ist. So war er zunächst wegen eines Hörsturzes und ständig verstopfter Nase, dann wegen Darmblutungen und Fieber immer wieder mit Unterbrechungen im Krankenhaus.

Als die Lunge ausfiel, wurde er auf der Intensivstation künstlich beatmet und ins Koma versetzt. Die Ärzte hofften durch eine Zytostatikatherapie die Krankheit aufhalten zu können. Vati war von den Ärzten über den Behandlungsplan unterrichtet worden. Er war ganz zuversichtlich, meinte: „Ihr helft mir schon", und ist frohen Mutes eingeschlafen.

Ich habe zunächst auch an diese Behandlung geglaubt und dachte: „Man muß es versuchen." Aber als ein Organ nach dem anderen ausfiel und seine Körperfunktionen weitgehend von Apparaten übernommen wurden, dachte ich: „Hoffentlich erlöscht dieses Leben bald." Dieser Prozeß des Annehmens ist bei jedem in der Familie anders gelaufen. Mein Bruder, der ja auch weit weg wohnte, wollte viel länger nicht wahrhaben, wie es um Vati stand, und Mutti sagte kurz vor dem Sterben noch: „Das wird doch wieder."

Diese Zeit, die Vati auf der Intensivstation verbrachte, war sehr dramatisch für uns alle. Ich bin täglich, manchmal auch zweimal, mit Mutti ins Krankenhaus gefahren. Ich war so froh wie nie zuvor, daß meine Eltern jetzt hier waren und ich sie aus der Nähe aktiv betreuen konnte. Mein Bruder und seine Familie sind in dieser Zeit auch fast jedes Wochenende aus dem Süden nach Bremen angereist.

Nach knapp vier Wochen waren die medizinischen Möglichkeiten ausgereizt und das Leben von Vati nicht mehr zu retten. Nach einem Gespräch mit den Ärzten und der Familie wurden die sehr starken Herzmittel reduziert, und es war damit zu rechnen, daß er innerhalb weniger Stunden sterben würde. Mutti, Klaus und ich sind also bei ihm geblieben, und wir haben über einen Monitor beobachtet, wie die Herzfrequenz immer geringer wurde und schließlich ganz aufhörte.

Wenn die Apparate alle Körperfunktionen übernehmen, kann man ja nicht von einem ruhigen Einschlafen sprechen, man kann auch keinen letzten Atemzug beobachten, wenn die Lungenmaschine läuft. Aber wie wir so an Vatis Bett saßen, ihm die Hand hielten und den Herzmonitor beobachteten, kam trotzdem Ruhe über uns, und wir waren umfangen von einem starken Gefühl der Zusammengehörigkeit.

Auch die Beerdigung war nochmals so eine Art Sammlung und Abrundung für mich. Ich fand es schön, daß außer der Verwandtschaft auch die ganzen Freunde und Bekannten aus Stuttgart angereist kamen. Der Pastor, der auch unsere Kinder konfirmiert hatte und unsere Familie seit langem kennt, hat Vatis Lebensweg erfaßt und gut wiedergegeben.

Gleich nach der Beerdigung bin ich mit Mutti zum Arzt, denn sie hatte über Schmerzen geklagt und glaubte, unter Hämorrhoiden zu leiden. Als wir nach wenigen Tagen mit der Diagnose „Darmkrebs" konfrontiert wurden, traf mich fast der Schlag! Wie noch oft in diesem Jahr dachte ich: „Was muß denn noch alles kommen!" Nach diesen anstrengenden vergangenen Wochen hatte ich in der Tat auf ein ruhigeres Fahrwasser gehofft.

Jetzt im nachhinein denke ich, daß der Zeitpunkt, an dem die Krankheit manifest wurde, kein Zufall war. Mutti hat immer gesagt, daß sie sich nicht vorstellen könne, die Überlebende ihrer Ehe zu sein. Nicht, daß bei den beiden alle Tage Harmonie und eitel Freud und Sonnenschein geherrscht hätte. Da gab es haarige Dinge, die ich hier nicht ausbreiten möchte. Aber Vati war der Motor in dieser Beziehung. Er pflegte die Außenkontakte, während für Mutti die Familie das Wichtigste war. Während ihrer Berufstätigkeit waren es Familie und Beruf. Darüberhinaus hat sie keine eigenen Interessen entwickelt. Sie hatte Schwierigkeiten, wenn ihre Kinder auch ohne den jeweiligen Partner Eigeninititive zeigten, zum Beispiel Konzerte, Theateraufführungen oder Tanzseminare besuchten. Für Mutti blieb keine Perspektive ohne Vati.

Vier Wochen nach Vatis Tod wurde Mutti operiert. Der Krebs hatte bereits gestreut. Nach der Operation war sie ziemlich verwirrt, riß sich die Schläuche aus. Sie hatte Angst vor dem Nachhausekommen, dem Alleinsein – und wollte gleichzeitig nichts wie heim.

Was ich an Mutti bewundert habe, war ihre Klarheit, wenn es um wichtige Entscheidungen ging, die sie selbst betrafen. Mit Entschiedenheit hat sie die ihr angebotene Chemotherapie abgelehnt. Die Zeit, die ihr noch blieb, wollte sie nicht mit quälenden Krankenhausaufenthalten vergeuden. Genauso eindeutig hat sie ein halbes Jahr später eine Bestrahlungstherapie abgelehnt. Ganz wach und klar ist sie dann wenige Wochen vor ihrem Tod mit der Übersiedlung ins Pflegeheim umgegangen. Durch ihre Bejahung dieses Schritts hat sie mich von meinen Schuld- und Verantwortungsgefühlen erlöst.

In starkem Kontrast dazu standen ihre zunehmenden Alltagsverwirrtheiten, die mich manchmal an den Rand der Verzweiflung brachten. Ganze Tage füllte sie mit dem Verlegen, Verstecken und Suchen von Schlüsseln, Geld und Schmuck. Und damit verbunden waren allerlei Verdächtigungen und Bezichtigungen von nahen und fernen Verwandten.

Große Schwierigkeiten hatte sie mit ihrem künstlichen Darmausgang. Sie war immer eine sehr penible Frau gewesen und wollte mit dieser Sache nichts zu tun haben. Morgens und abends kamen die Schwestern von der Sozialstation zum Wechseln des Beutels und halfen bei Bedarf auch beim Waschen. Mir war es wichtig, andere Menschen in die Pflege und Betreuung von Mutti miteinzubeziehen. Ich schaute mehrmals täglich nach ihr, mußte auch die Schmerztabletten verabreichen, denn das gelang ihr nicht mehr. Anfangs hatte sie versehentlich einmal die doppelte Menge Morphium genommen und lag dann wie tot im Bett.

Trotz allem hat sie sich nach der Operation zunächst ganz gut erholt. Ihren Vormittag strukturierte sie mit Frühstücken, Zeitunglesen, Wäsche waschen und kleinen Einkäufen. Mittags kam sie zu uns zum Essen, und nachmittags ging sie auf den Friedhof. Bis Weihnachten ging es so einigermaßen gut, und ich war auch zuversichtlich. Sie freute sich auf den Besuch zum Jahreswechsel bei der Familie meines Bruders.

Im Neuen Jahr, also ungefähr vier Monate nach der Operation, sind die Metastasen spürbar weitergegangen, die Schmerzen nahmen zu, und die Morphingaben mußten erhöht werden. Sie war ständig von einer großen Unruhe erfaßt, und ihre Verwirrungszustände steigerten sich. Sie ließ den Wasserkocher durchbrennen, und wir waren gezwungen, den Strom abzustellen. Sie fand den Weg zu unserem Haus nicht mehr, und ich mußte sie abholen. Sie verirrte sich beim Gang zum Friedhof. Das war eine ganz schwierige und bedrückende Zeit für mich. Ich stellte mir oft die Frage, ob ich es noch verantworten kann, sie in diesem Haus allein wohnen zu lassen. Oft wachte ich nachts schweißgebadet auf und stellte mir vor, daß sie jetzt möglicherweise im Nachthemd im Freien herumgeistert.

In dieser Zeit hat sie auch zunehmend meine Anwesenheit eingefordert. Wenn ich alleine gelebt hätte, hätte ich mich sicher auch noch mehr auf sie eingelassen. Ich bin aber verheiratet und habe Kinder. Und ich bin froh, daß die Familie und unsere Freunde mir immer wieder klar machten, daß ich mich von meiner Mutter abgrenzen muß. Daß die Ansprüche der eigenen Familie nicht ganz hintenangestellt werden dürfen, und daß ich auch nach mir selber schauen muß. Vor allem war ja nicht abzusehen, wie lange sich die Krankheit noch hinziehen würde. Ich hatte ständig ein schlechtes Gewissen und mußte mich zunehmend mit dem Gefühl herumschlagen, keinem mehr gerecht zu werden. Ich machte Mutti deshalb den Vorschlag, noch jemand stundenweise ins Haus zu holen, der etwas mit ihr unternehmen oder sich mit ihr unterhalten würde. Aber dazu war sie nicht bereit. Eine Frau aus der Hospizbewegung, die ich eingeladen hatte, wurde von ihr wieder weggeschickt. Sie wollte keine Fremden im Haus haben.

Ich war immer mehr gefordert und auch überfordert, und als die Einstufung in eine höhere Pflegestufe glatt abgelehnt wurde, war das eine schallende Ohrfeige für mich. Immer öfter kam es vor, daß ich zu Hause mitten in einer Arbeit von Muttis Telefonanrufen überfallen wurde. Sie behauptete dann meist, ihr Beutel sei geplatzt, alles sei voll mit Blut, und ich solle sofort kommen. Ich ließ zu Hause alles liegen und stehen, um feststellen zu müssen, daß es sich um einen Fehlalarm gehandelt hatte. Ich war dann ungehalten, und auch Mutti wurde immer aggressiver.

Zu einem Höhepunkt dieser Art kam es am Geburtstag meines Mannes. Sie hatte nachmittags geäußert, sie wolle abends beim Fest nicht dabei sein, weil es ihr zuviel sei. Ich hatte diese Aussage für bare Münze genommen. In Wirklichkeit wäre sie gerne dabei gewesen. Als ich mitten in den Vorbereitungen steckte, rief sie an, ich solle augenblicklich und unverzüglich kommen, alles sei voll Blut. Bei meinem Eintreffen war alles in Ordnung – zumindest war weit und breit kein Blut. Stattdessen warf sie mir vor, sie hätte mir alles gegeben, und nun würde ich mich nicht um sie kümmern! Ich kann keinem Menschen beschreiben, wie verletzt und gleichzeitig wie wütend ich war! Ich drückte sie auf einen Stuhl, zog ihr das Nachthemd über und befahl ihr, ins Bett zu gehen. Anschließend war ich so fix und fertig, verletzt durch ihr und beschämt von meinem Verhalten zu gleichen Teilen. Ich schaute dann später zusammen mit unserem Sohn nochmals bei ihr vorbei, hielt mich aber vollkommen im Hintergrund. Über diese Auseinandersetzung haben wir nie mehr gesprochen.

In dieser Zeit wurde mir klar, daß ich diese Anspannung und Zerreißprobe nicht mehr lange aushalten würde. Dieses Eingeständnis empfand ich zunächst als so eine Art Bankrotterklärung für mich. Ich hatte es mir zur Aufgabe gemacht, meine Eltern zu Hause zu betreuen und zu pflegen, und nun mußte ich mir eingestehen, daß ich an meiner Idealvorstellung gescheitert war. Als ich ein Pflegeheim in der Nähe anschaute, steigerte sich meine Verzweiflung noch, denn dieses Heim machte einen so trostlosen Eindruck auf mich, und unter keinen Umständen wollte ich Mutti hier unterbringen.

In den Osterferien bin ich dann nach vielem Zureden von Freunden, Verwandten und der Hausärztin zwei Wochen in Urlaub gegangen. Ich war so verunsichert, und ohne den Zuspruch von Außenstehenden wäre ich nicht losgekommen. Aber als ich dann im Flugzeug saß, konnte ich alles hinter mir lassen. Mein Bruder und seine Schwiegermutter übernahmen in dieser Zeit Muttis Betreuung, und so wußte ich sie gut aufgehoben.

Als ich zurückkam stürzte sie gleich anderntags und mußte ins Krankenhaus. Es war jetzt offensichtlich, daß sie nicht länger allein im Haus leben konnte. Ich habe mich dann nochmals auf die Suche nach einem Heimplatz gemacht. Dieses Mal fand ich ein kleines privates Heim, schön gelegen und mit freundlicher Ausstrahlung, sowohl das Haus als auch das Personal betreffend.

Nach Muttis Entlassung aus dem Krankenhaus habe ich eine Woche mit ihr allein im Haus verbracht, und da wurde mir klar, daß es so nicht weitergehen konnte. Sie stand mehrmals in der Nacht auf, zog sich aus, geisterte in der Wohnung herum und war kaum zu bewegen, ins Bett zu gehen. Eines Morgens fand ich sie trotz meiner Anwesenheit entkleidet am Boden liegen. Ich weiß nicht, wie lange sie da hilflos gelegen hat. Ich hatte vor Erschöpfung so tief geschlafen, daß ich gar nicht merkte, was sich abgespielt hatte.

Die letzten vier Wochen, die Mutti noch zu leben blieben, empfand ich als eine gute Zeit, in der wir die Möglichkeit wahrnahmen, wieder miteinander Ruhe zu finden. Es fing damit an, daß Mutti voll Verständnis war, als ich ihr sagte, daß ich nicht mehr die Kraft hätte, sie zu Hause zu pflegen und daß ich nach einem Heimplatz für sie geschaut hätte. Sie sagte nicht nur „Ja und Amen", sondern sie war wirklich einverstanden mit dieser Veränderung. Das hat mir sehr dabei geholfen, mich von meinem Ideal der häuslichen Pflege zu verabschieden und mit meinen Schuldgefühlen fertig zu werden.

Ich konnte dann mit ihr besprechen, was sie noch mitnehmen wollte. Ganz stark habe ich dabei die Reduzierung ihrer Habe auf das Allernotwendigste empfunden. Ich war froh, daß mir am Tag des Umzugs unser Sohn beigestanden hat. Mit seiner unbekümmerten Jugendlichkeit hat er doch so eine gewisse Leichtigkeit in diesen Abschied hereingebracht.

Im Heim hat sich Muttis Zustand weiterhin rasant verschlechtert. Ich war so unendlich froh, daß ich die Verantwortung für die tagtägliche Versorgung in andere Hände abgegeben hatte. Das Pflegepersonal war sehr aufmerksam und mochte Mutti gerne. Besonders wohl getan hat ihr in dieser Situation, daß einige Schwestern sächsisch redeten. Zu ihnen fühlte sie sich hingezogen, weil mit der gemeinsamen Sprache so eine Art Heimkehr verbunden war. Ich habe Mutti jeden Tag besucht, und weil ich mich nicht mehr um den Kleinkram kümmern mußte, hatte ich auch wirklich Zeit und Ruhe. „Ihr seid alle so lieb zu mir", sagte sie jetzt oft. In der ersten Woche habe ich sie noch in dem schönen Garten, der das Haus umgibt, im Rollstuhl spazieren geführt. Als das nicht mehr möglich war, las ich ihr oft Märchen vor oder spielte Musik. Das mochte sie gerne, und ich habe gespürt, wie Ruhe und Einverständnis über uns kamen.

Die letzte Woche war eine große körperliche Qual für sie. Trotz hoher Morphiumgaben bäumte sich der Körper immer wieder vor Schmerzen auf. Sie erbrach den Stuhl, und die Blase mußte über eine Sonde durch die Bauchdecke entleert werden. Die ganze Familie, selbst Muttis Bruder aus Leipzig mit Ehefrau, hat sie betreut. In den letzten Nächten vor ihrem Tod habe ich bei ihr gewacht. In der letzten Nacht war ich so erschöpft, daß ich heimgegangen bin. Zuvor habe ich sie gestreichelt und mich ganz lieb von ihr verabschiedet mit der inneren Gewißheit, daß alles gut sein wird, was jetzt kommt. Als morgens kurz vor sechs die Schwester anrief und mitteilte, daß meine Mutter gestorben sei, hatte ich kein schlechtes Gewissen, weil ich nicht dabei gewesen war.

Als ich bei ihr ankam, lag sie mit dem Gesicht zur aufgehenden Sonne und zum „Badener Berg" gerichtet. In diesem Gebiet ist sie mit Vati so gerne spazieren gegangen. Ihr Todestag war auf ihren Geburtstag gefallen. Ich zündete die mitgebrachten Kerzen an, und mein Mann und ich blieben an ihrem Bett sitzen, bis der Arzt kam und den Totenschein ausstellte. Meine tote Mutti hatte nichts Erschreckendes für mich. Ich war froh, daß sie jetzt von ihren Schmerzen und ihrer Unruhe erlöst war. Und ich war dankbar dafür, daß wir in ihren letzten Lebenswochen nach der schwierigen Zeit wieder in Harmonie miteinander umgehen konnten. Von dem Gefühl der Dankbarkeit werde ich auch jetzt getragen, wenn ich an meine Eltern denke oder ihr Grab besuche.

„Und jetzt kann ich doch nach Kreta"

Katharina, 45 Jahre, verheiratet, zwei Töchter; Religionslehrerin. Als Pfarrfrau leitet sie seit Jahren mehrere Chöre; aus dieser Arbeit heraus entwickelte sich ein lokales Kulturzentrum.

Katharina betreute und pflegte ihre Mutter drei Jahre bis zu deren Tod bei sich zu Hause. Das Gespräch fand zwei Monate nach dem Tod statt.

Meine Mutter war das einzige Kind eines Konditorehepaares. Sie sollte die Konditorei einmal weiterführen, aber alle Versuche ihres Vaters, sie mit einem Konditor zu verheiraten, schlugen fehl. Gegen die Widerstände ihrer Eltern setzte sie den Besuch der Frauenarbeitsschule durch und machte eine Ausbildung als Kinderkrankenschwester. Das Geld für diese Schulbesuche mußte sie durch ihre Mitarbeit in der Konditorei selber aufbringen. Der Traum einer eigenen beruflichen Existenz war ausgeträumt, als meine Großmutter beim Heben eines jener unglaublich großen und schweren Kupferkessel einen Blutsturz bekam und „Knall auf Fall" starb. Von einem Tag auf den anderen hatte meine Mutter als Arbeiterin in der Konditorei und als Haus- und Geschäftsfrau auf den Plan zu treten.

So lernte sie meinen Vater kennen, der Theologie studierte, gleich um die Ecke wohnte und in der Konditorei auffällig häufig seine Bonbons kaufte. Meine Mutter verliebte sich in diesen acht Jahre jüngeren, sehr vergeistigten Mann. In der Verbindung meiner Eltern prallten zwei Welten aufeinander. Die gebildete Familie meines Vaters wurde nicht müde, meine Mutter ihre Ablehnung spüren zu lassen, und der Großvater unterzog die Auserwählte seines Sohnes regelmäßig allerlei demütigenden Examinationen. Er mußte sich eingestehen, daß das „Ausgangsmaterial" wohl nicht allzu schlecht war, denn seine Prüfungen endeten regelmäßig mit dem Ausruf: „Dich hätte man bilden müssen!"

Trotz aller Widrigkeiten fand die Hochzeit im Jahre 1940 statt, aber die Freude währte nur wenige Tage, dann wurde mein Vater in den Krieg geschickt. Erst nach sieben Jahren – zwischendurch sogar für tot erklärt – kehrte er aus französischer Kriegsgefangenschaft zur Familie zurück. So mußte meine Mutter alleine im Hohenlohischen an der ersten Pfarrstelle meines Vaters aufziehen. Sie stockte dort ihren Lebensunterhalt durch Klavierunterricht auf und stand den Gemeindegliedern bei Krankheiten mit Rat und Tat zur Seite. Am meisten beeindruckte sie die Gemeinde jedoch durch ihr zupackendes Wesen und ihre guten Nerven bei den Schwarzschlachtungen im Dorf. Kam ihr Mann auf Heimaturlaub, sagten die Dörfler: „Guck, da läuft der Mann von der Frau Pfarrer."

Meine Mutter war aber nicht nur beim Schwarzschlachten mutig; im Rahmen ihrer Möglichkeiten unterstützte sie auch jüdische Familien. Trotz großer Gewissenskonflikte stellte sie diese Hilfen nach der Geburt ihres ersten heißersehnten Kindes ein. Nach mehreren Fehlgeburten, während eines Bombenangriffs zur Welt gekommen, der Mann im Krieg, war dieser Sohn nun ihr ein und alles. Ich kam erst sechs Jahre später zur Welt, und meine Mutter war damals schon vierundvierzig Jahre alt.

1953 wechselte mein Vater die Pfarrstelle, und wir zogen nach Oberschwaben. Wir befanden uns jetzt in der Diaspora, wo nur der Pfarrer, der Forstmeister, die Ärzte und der Apotheker evangelisch waren. Aber unsere ganze Familie pflegte, jeder auf die ihm gemäße Art, die Ökumene mit den Katholiken. Dem damaligen Zeitgeist entsprechend, hätte ich nur mit evangelischen Kindern spielen dürfen, aber die waren mir zu langweilig. Die waren so artig, saßen immer zu Hause und stickten Deckchen und bastelten für Weihnachten. Mein Vater löste die mehr als zwerghafte evangelische Bekenntnisschule, die er bei seinem Dienstantritt vorfand, zugunsten einer christlichen Gemeinschaftsschule auf. Meine Mutter pflegte ein gutes Verhältnis zu den katholischen Pfarrhauserinnen, und die Frauen praktizierten die Ökumene ganz handfest: Die Pfarrhauserinnen wuschen, stärkten und bügelten die evangelischen Beffchen meines Vaters zusammen mit den Krägen der katholischen Geistlichkeit, und meine Mutter versorgte sie dafür mit den Früchten ihres Gartens.

Was gab es nicht alles in diesem Garten! Himbeeren, Stachelbeeren, Erdbeeren, rote Träuble, schwarze Träuble , weiße Träuble, Kirschen, Pflaumen, Lauch, Karotten, Kartoffeln, Blumenkohl, Rosenkohl, Sellerie. Mein Gott – wie ich Sellerie hasse! Sellerie kam in allen Variationen auf den Tisch: gesotten, gebraten, gedünstet und sogar als Saft. Obwohl meine Mutter so vieles anbaute, gab es bei uns selten etwas Leckeres zu essen. Aufs Kochen legte sie keinen Wert. Gutes Essen lernte ich erst kennen, als meine Eltern Ende der 50er Jahre anfingen, in Urlaub zu gehen und mich während dieser Zeit der katholischen Geistlichkeit anvertrauten. Es tat mir damals und es tut mir heute noch weh, daß mich meine Eltern im Urlaub nicht dabei haben wollten, daß ich ihnen zu anstrengend war; aber die warmherzigen Pfarrhauserinnen mit ihrem wunderbaren Essen trösteten mich über manches hinweg. Besonders beeindruckt war ich von dem kleinen Fensterchen in der katholischen Pfarrwohnung, durch das die Haushälterin zum Hochaltar schauen konnte, um zu sehen, wie weit Hochwürden mit dem Ave Maria war, und ob sie das Nudelwasser schon aufsetzen könne.

Wenn ich mich an meine Mutter zurückerinnere, sehe ich sie immer alt und immer im Garten. Und wenn sie dann aus dem Garten kam, war sie müde, abgeschafft und oft schlecht gelaunt. „König Garten fordert sein Recht", pflegte mein Vater dann immer zu sagen. Die Gartenarbeit war für meine Mutter zwar zeitlebens ein Lebenselixier, aber zu der damaligen Zeit steckte auch noch ein wirtschaftlicher Zwang dahinter. Jegliches Haushalten wurde durch äußerste Sparsamkeit reglementiert.

Im Winter, wenn die Gartenarbeit ruhte war meine Mutter stets am Handarbeiten und Flicken. Wieviele Tisch-, Altar- und sonstige Decken und Deckchen hat sie nicht gehäkelt, gestickt, gestrickt! Zu ihrem großen Leidwesen hatte ich weder Freude an der Gartenarbeit, noch am Handarbeiten. Ich war und blieb ein Gassenkind, spielte von morgens bis abends mit den katholischen Nachbarkindern, und wie oft sagte meine Mutter zu mir: „Du bist, als wärst du nicht von mir! Du siehst mir nicht gleich, und du hast nichts von mir!" Diese Aussprüche machten mir zeitlebens zu schaffen!

Zu Beginn der 70er Jahre ging der Lebensabschnitt in Oberschwaben für die Familie zu Ende. Ich studierte, heiratete, bekam Kinder; meine Eltern setzten sich in dem Schwarzwaldstädtchen, in dem mein Vater aufgewachsen war, zur Ruhe. Obwohl meiner Mutter vor diesem Umzug graute, verbrachte sie dort nach eigenen Aussagen, zusammen mit meinem Vater, die schönsten Jahre ihres Lebens. Leider starb mein Vater nach fünf Jahren ganz schnell und überraschend an Herzversagen, und das war für uns alle ein schwerer Schicksalsschlag.

Sowohl mein Bruder als auch wir hatten die baulichen Voraussetzungen geschaffen, daß unsere Mutter in ihren eigenen vier Wänden bei uns hätte wohnen können. Das lehnte sie aber rundweg ab mit den Worten: „Zu euch komm' ich nicht." Zehn Jahre lang lebte sie dann allein im Schwarzwald, baute sich einen eigenen Freundes- und Bekanntenkreis auf und arbeitete sich auch mühsam in die Aufgaben ein, die früher Sache meines Vaters gewesen waren. Abgesehen von größeren und kleineren Lebensmittelvergiftungen, die sie sich aufgrund ihrer ans Krankhafte grenzenden Sparsamkeit zuzog, meisterte sie ihr Leben bis ins fünfundachtzigste Jahr recht gut.

Wenn wir im Urlaub waren, pflegte ich meine Mutter in regelmäßigen Abständen anzurufen. So erkundigte ich mich eines Abends vor drei Jahren von einer Fahrt ins Elsaß aus nach ihrem Ergehen. Sie sagte, es gehe ihr gut, nur sehe sie so schlecht. Als wir anderentags bei ihr vorbeikamen, merkte ich, daß sie nahezu blind war, denn sie schaute immer haarscharf an mir vorbei. Wir nahmen sie mit zu uns nach Hause, und in den darauffolgenden Tagen wurden wir bei verschiedenen Ärzten vorstellig. Die Diagnose lautete: Durchbruch des Bindegewebes in den Augen; eine leichte Besserung sei zu erwarten. Aber es war klar, daß meine Mutter nicht mehr alleine leben können würde.

Mein Bruder organisierte sofort einen Platz in einem Altersheim, in dem sie gewiß bestens untergebracht gewesen wäre. Aber ich wollte das nicht! Meine Mutter hatte so ein erfülltes, reiches Leben geführt, hatte so viel Schweres durchgemacht, kam aber dank ihrer Lebenseinstellung und ihrer Vitalität immer irgendwie gut durch, und ich wollte sie nicht im Altersheim haben. Meine Schwiegermutter hatte ihre letzten Lebensjahre in einem Altersheim verbringen müssen, und die Besuche bei ihr deprimierten mich jedesmal aufs Neue. Ich fand es bedrückend, wie die alten Menschen ihren letzten Lebensabschnitt im Wartestand verbringen müssen: warten auf die Pflegerin, warten auf das Essen, warten auf den Tod. Jede individuelle Regung wurde durch das Reglement des Tagesablaufs im Keim erstickt. So etwas wollte ich bei meiner Mutter nicht noch einmal erleben.

Und wie oft haben die Angehörigen bei mir als Pfarrfrau ihre Selbstvorwürfe und ihr schlechtes Gewissen abgeladen, weil sie sich nicht zutrauten oder in der Lage sahen, ihre alten Menschen zu Hause zu pflegen! Irgendwie sah ich es als Aufgabe für mich, zu zeigen: Schaut her, es geht auch anders. Ich war mir meiner Entscheidung ganz sicher, und meine Mutter, die zunächst in die Pläne meines Bruders eingewilligt hatte, zog zu uns. Ein Leben im Altersheim widersprach so ganz und gar ihrem Lebensstil.

Natürlich hatte ich auch Angst davor, einzige Ansprechpartnerin meiner Mutter zu sein. Aber auf diesem Gebiet durfte ich schöne und unerwartete Erfahrungen machen. Zum einen erhielt meine Mutter in diesen letzten Jahren , die sie bei uns verbrachte, viele Anrufe und auch Besuche aus allen drei Gemeinden, in denen sie gelebt hatte. Das habe ich sehr bewundert an ihr, daß sie so viele Freundschaften gepflegt hat, die über große räumliche und zeitliche Distanzen aufrecht erhalten wurden und bis zu ihrem Ende anhielten. Und trotz ihrer Sehbehinderung und ihres hohen Alters schaffte sie es dank ihres wachen Verstandes und ihrer ungeheuren Vitalität, noch einmal neu in unserer Gemeinde Fuß zu fassen und sich einen kleinen Bekanntenkreis aufzubauen.

Ganz wunderbar waren „meine" Chorfrauen. Wenn wir im Urlaub waren und für die Betreuung unserer Oma eine Krankenschwester eingestellt hatten, organisierten die Frauen einen Besuchsdienst. Gemeinsam mit meiner Mutter haben sie gesungen und Uhland-Gedichte rezitiert. Die Frauen spürten immer wieder, wenn ich Hilfe brauchte, und gaben sie gern und aus vollem Herzen.

Ganz wichtig für alle Beteiligten waren die regelmäßigen wöchentlichen Besuche meines Bruders. Jeden Donnerstag, den Gott gegeben hat, ist er gekommen, führte unsere Mutter zum Essen aus, solange das noch möglich war, oder saß stundenlang an ihrem Bett. Sie war dann immer überglücklich, und in diesen Stunden wußte ich mich wirklich vollkommen entlastet. Waren wir im Urlaub, zogen mein Bruder und seine Frau bei uns ein und versorgten die Oma. Das Schönste war für sie, als mein Bruder hier im Haus sogar seinen fünfzigsten Geburtstag feierte und sie inmitten all der vielen Gäste sein durfte. Das hat ihr unglaublich gut getan.

Es gab viele Situationen, die mich glücklich und zufrieden machten, die mich mit Stolz und dem Gefühl erfüllten: „Du machst es richtig." Dazu gehörte zum Beispiel, wenn Leonie, unsere ältere Tochter, zusammen mit der Oma im Rollstuhl das „Gemeindeblättle" austrug. Die Oma faltete die Blätter, Leonie warf sie in die Briefkästen ein, und unterwegs kam es oft zu kleinen Unterhaltungen mit den Leuten vom Dorf. Meine Mutter freute sich, daß sie diese Aufgabe noch erfüllen konnte, und sie legte großen Wert darauf, als „Gemeindemitarbeiterin" zu dem jährlichen Maultaschenessen eingeladen zu werden. Nach dem Gottesdienst bildete sich häufig eine Traube um die Oma, viele begrüßten sie, fragten nach ihrem Ergehen, wünschten ihr eine gute Woche. Sie war dann der geachtete Mittelpunkt, und obwohl sie kaum etwas sah, konnte sie die Gottesdienstbesucher an ihrem Händedruck und ihrer Stimme unterscheiden.

Meine Mutter war eine wunderbare Geschichtenerzählerin. Stundenlang erzählte sie meinen Kindern Episoden aus ihrem reichhaltigen Erinnerungsschatz. Die Geschichten fingen an bei der Tante Pauline mit den stabilen Haaren, die im Ersten Weltkrieg als Krankenschwester in einem Lazarett in Smolensk gearbeitet hatte. In Ermangelung richtigen OP-Fadens wurden die Soldaten mit Tante Paulines stabilen Haaren zusammengeflickt. Die Geschichten gingen weiter über den Halleyschen Kometen, dessen Erscheinen immer ein großes Unglück in der Weltgeschichte ankündigte; sie erzählte vom Untergang der Titanic, dem Absturz des ersten Zeppelins und dem Ausbruch des Ersten Weltkriegs.

Als es meiner Mutter so schlecht ging, daß sie weitgehend ans Bett gefesselt war, stellten wir ihr Krankenbett ins Wohnzimmer. Dort machte Leonie dann regelmäßig ihre Hausaufgaben, damit sie der Oma Gesellschaft leisten konnte. Oder sie schob die Oma mit in ihr Zimmer und spielte ihr stundenlang auf ihrer Konzertharfe vor. Das war ein besonderer Genuß für meine Mutter, weil sie auch sehr musikalisch war.

Mein Mann hat die lebensfrohe Art seiner Schwiegermutter immer gemocht, und wenn wir in guter Stimmung waren, sagte sie manchmal abends: „Oh Matthias, i be so miad, trag me au nuff." Unter großem Gelächter und Gekicher der ganzen Familie trug er sie dann die Treppe hoch, und die Oma genoß das sehr.

Aber es herrschten nicht alle Tage eitel Freud' und Sonnenschein. Meine Mutter wollte sich und anderen ihre Inkontinenz nicht eingestehen, und vom ersten Tag an führten wir zwei einen ständig schwelenden Kampf um den Wechsel der Unterwäsche, um Binden, Einlagen und Windeln. Ich ärgerte mich über ihre Sturheit und ihr „Nicht-wahrhaben-Wollen" und sie regte sich über meine „feine Nase" auf. Dieser Kampf hörte erst auf, als meine Mutter nach dem zweiten Schlaganfall völlig gelähmt und auf fremde Hilfe angewiesen war.

So sehr meine Mutter unsere ältere Tochter liebte, so wenig ließ sie unsere jüngere, die sich so sehr um die Oma bemühte, ihr jede denkbare Erleichterung verschaffen wollte, an sich heran. So gut es ging, versuchte ich zu vermitteln und gegenzusteuern, aber es war eine sehr schmerzhafte Erfahrung für Clara und mich.

Ich habe meiner Mutter von Anfang an gesagt, daß ich alle meine beruflichen und ehrenamtlichen Tätigkeiten weiterführen würde, auch wenn sie bei uns sei. So kam es, daß ich nicht ständig um sie herum sein konnte, und das hätte ich auch gar nicht ausgehalten. Kam ich dann müde und abgekämpft nach Hause, empfing sie mich öfters mit den Worten: „So, hosch au dra denkt, daß da no a alte Muader darhoam hosch!" Und es gelang mir nicht, diese Vorwurfshaltung an mir abperlen zu lassen, sondern sie erfüllte mich mit einer Mischung aus Wut und schlechtem Gewissen.

Besonders verletzend empfand ich es, daß sie meine Arbeit, die mir so wichtig ist und die ich so gerne mache, als sinn- und nutzlose, weil nicht gewinnbringende Tätigkeit abtat. Nahm ich sie mit zu den

Chor- und Theaterproben, fing sie nach zehn Minuten an zu quengeln, hier gefalle es ihr nicht. Lehnte ich es dann wutentbrannt ab, sie nach Hause zu bringen – und ich konnte ja tatsächlich nicht einfach von meiner Arbeit weglaufen –, ging sie auf andere Leute zu und sagte: „Meine Tochter will mich nicht nach Hause bringen, können Sie das bitte tun." Ich fühlte mich überfahren und war verärgert. Zu Hause zur Rede gestellt, sagte sie dann: „Ich fall' euch ja sowieso nur zur Last." Mit diesem „Ich fall' euch sowieso nur zur Last" hat sie uns oft ein schlechtes Gewissen gemacht; ich fühlte mich hilflos und verletzt, weil es einfach so nicht stimmte. Setzte ich mich zur Wehr, konnte es sein, daß die Auseinandersetzung mit einem Herzanfall ihrerseits endete und ich mehr als einmal den Notarzt rufen mußte. Kam dann zwei Stunden später mein Bruder, dessen Besuchen sie entgegenfieberte und die der Höhepunkt der Woche für sie waren, sah sie sich wieder in der Lage, zum Essen mit ihm auszugehen.

Sehr lange hat meine Mutter insgeheim gehofft, sich wieder weit genug zu erholen, um allein in ihrem Haus leben zu können. Da dies nicht möglich war, haderte sie immer wieder lautstark mit ihrem Schicksal und dem Herrgott, den sie anklagte, sie in dieser Welt vergessen zu haben. Das Bildnis ihres verstorbenen Mannes am Bett flehte sie an, daß er sie doch zu sich holen möge. Im Anschluß an ein derartiges Lamento, mit dem sie ihrem Herzen Luft verschaffte, konnte sie wieder bereit sein, uns zum Essen auszuführen.

So sparsam und geizig meine Mutter gegen sich selbst war, so großzügig konnte sie andern gegenüber sein. Oft lud sie uns zum Essen in eine Gaststätte ein. Sie ging gerne griechisch essen – nicht nur, weil es billiger war. Was beim besten Willen nicht gegessen werden konnte, packte sie dann am Schluß ein, und am liebsten hätte sie das Brot von den Nachbartischen auch noch schnell mitgenommen. Niemals werde ich vergessen, wie beim Verlassen einer griechischen Wirtschaft zwei Fischschwänze aus ihrem mit Hansaplast geklebten Skai-Täschchen herausgeschaut haben; eine schöne Ledertasche hätte sie sich nie im Leben gegönnt, obwohl sie sich hundert Ledertaschen hätte kaufen können.

Meine Mutter konnte nichts wegwerfen. Sie konnte sich von keinem Schnürchen und keinem Papierchen trennen. Ihr Haus, das ich zwei Monate nach ihrem Tod freiräumen mußte, war von oben bis unten vollgestopft mit Kisten, Kästen, Schachteln, Plastiktüten, Wertvollem und Kruscht. Es war schrecklich, und ich wußte nicht, wie ich mit diesem Berg fertig werden sollte. Am Abend meiner Ankunft saß ich völlig verzweifelt auf der Treppe und dachte: „Das schaffst du nie!" Drei Tage lang ging ich dann wie in Trance durch das Haus, mußte fortschmeißen und zerbrechen, fand überall Briefchen und Zettelchen von meiner Mutter, in denen sie sich bei mir entschuldigte, weil sie sich zu Lebzeiten nicht von den Sachen trennen konnte. X-mal rief ich den Containerdienst an und ließ insgesamt siebenundzwanzig Kubikmeter „Müll" abfahren. Während ich so wütete, sagte der Nachbar zu mir: „Wie gut, daß es bewölkt ist, damit sie nicht ‚runter sieht!" Mit jedem Teil gab ich ein Stück Kindheit, Familie her, trennte mich von Liebgewonnenem, Vertrautem. Einiges versuche ich in unser Familienleben zu integrieren, aber schöne Möbelstücke, wertvolle Bücher und Handarbeiten haben plötzlich eine andere Bedeutung, ich betrachte sie mit anderen Augen, fast werden sie einem fremd.

Von den insgesamt drei Jahren, in denen meine Mutter bei uns lebte, war ihr Gesundheitszustand eineinhalb Jahre recht stabil. Wir hatten ja bereits beim Einzug ins Pfarrhaus eine kleine Wohnung für sie einbauen lassen. Hier hatte sie in dieser ersten Zeit ihr Schlafzimmer und auch die Möglichkeit, sich tagsüber zurückzuziehen. Nach einteinhalb Jahren hatte sie zum ersten Mal einen leichten Schlaganfall, von dem sie sich aber rasch erholte und der ohne Folgen blieb. Beim zweiten Schlaganfall traten Lähmungen der Beine auf. Ich holte sofort die Krankengymnastin ins Haus, die die notwendigen Übungen mit ihr machte, und auch dieses Mal erholte sie sich wieder. Wenn wir ein solches Tief überwunden hatten, waren wir beide jedesmal überglücklich.

Am ersten Advent waren wir nochmal zusammen in der Kirche bei einem sehr schönen Flötenkonzert mit adventlicher Musik. Meine Mutter muß eine sehr klare Vorahnung ihres Zustandes gehabt haben, denn sie sagte im Anschluß an den Gottesdienst, daß sie heute zum letzten Mal in der Kirche gewesen sei. In dieser Woche hatte sie den dritten Schlaganfall, und sie war jetzt vollkommen gelähmt. Sie konnte nicht mehr sprechen, das Schlucken fiel ihr schwer, sie war ganz bewegungsunfähig.

Spätestens von diesem Zeitpunkt an hätten wir die Pflege ohne die Schwestern der Diakoniestation, die morgens und abends kamen, um sie zu waschen und zu richten, nicht mehr leisten können. Ich weiß nicht, wie lange wir diese Pflege noch durchgehalten hätten. Wir trugen uns schon mit dem Gedanken, eine Krankenschwester einzustellen, denn in diesen letzten fünf Monaten mußte meine Mutter Furchtbares durchleben. Ihr Körper löste sich auf, war an vielen Stellen am Verwesen, und das Herz schlug trotzdem weiter.

Und ich konnte nicht loslassen! Ich hatte nicht den Mut, die Herztabletten abzusetzen, verabreichte ihr im Gegenteil Vitamine und Aufbautabletten, glaubte bis zum Schluß, es müsse auch diesmal eine Wende geben. Als eine Krankenschwester mir gegenüber den Sinn von Infusionen zu diesem Zeitpunkt in Frage stellte, geriet ich außer mir; von der Krankengymnastin verlangte ich, daß sie meine Mutter fast noch auf dem Totenbett beturnte; wenige Tage vor ihrem Tod brachte ich sie mit dem Krankentransport liegend nochmals zu einem Chirurgen, um ihre Wunden ausschneiden zu lassen; er schickte uns unverrichteter Dinge wieder nach Hause. Natürlich wußte ich, daß jedem Menschen sein Ende gesetzt wird, aber wenn du dann dastehst und die Verantwortung hast, sieht alles nochmal anders aus.

Meine Mutter starb an Claras fünfzehntem Geburtstag. Wir saßen morgens noch zusammen und sangen Geburtstagslieder. Dann ging ich kurz weg, und als ich wieder ans Krankenbett zurückkam, spürte ich, daß jetzt das Ende nahte. Ich nahm meine Mutter in den Arm und sprach den 23. Psalm „Der Herr ist mein Hirte". Sie sog jedes Wort auf, sah mit großen, erstaunten Augen an mir vorbei, sah etwas, was ich nicht sah, und ich spürte, wie sie uns nach und nach verließ. Ich bedankte mich bei ihr für alles, was sie für uns getan hat. Auch mein Mann, mein Bruder und der Hausarzt sind noch dazugekommen. Dieser Tod war eine sehr schöne Erfahrung für mich, vor der ich große Angst gehabt hatte.

Und dann war da noch etwas, wofür ich mich zunächst sehr geschämt habe: Seit Wochen hatte ich mir Gedanken gemacht, ob ich angesichts des schlechten Gesundheitszustands meiner Mutter im Sommer die geplante Reise nach Kreta würde antreten können. Ich war hin- und hergerissen. Einerseits hatte ich den Abstand und die Erholung dringend nötig, andererseits wollte ich nicht, daß sie stirbt, solange ich weg bin. Und als sie tot in meinen Armen lag, war mein erster Gedanke: „Jetzt kann ich doch nach Kreta!" Ich war erschrocken, daß ich mich in der Todesstunde meiner Mutter über meinen nun gesicherten Urlaub freute, aber im nachhinein denke ich, daß es von mir eine gesunde und lebensbejahende Reaktion war, zu der ich stehen kann.

Die Trauerfeier in unserer Kirche war schön und stimmungsvoll. Hier wurde nochmals dieses besondere Leben meiner Mutter sowohl durch die Predigt als auch durch die Musik und den ganzen Ablauf der Feier gewürdigt. Weil meine Mutter ihren Garten immer so geliebt hatte, kaufte ich mir für die Beerdigung ein schwarzgrundiges Blüschen mit vielen bunten Blumen. Ich wollte keine Trauerkleidung, und ich wollte keine Trauermusik. Ich denke, daß beides bei einem Menschen, der ein reiches und erfülltes Leben hatte und mit achtundachtzig Jahren sterben will, nicht angemessen ist. Die Gemeinde sang die Lieblingslieder meiner Mutter, „Du meine Seele singe" und „Lobe den Herren". Glocken und Orgelmusik begleiteten ihren Ausgang aus der Kirche, Freunde von uns trugen sie hinaus. Schön fand ich auch, daß sich der 23. Psalm „Der Herr ist mein Hirte" wie ein roter Faden durch diese letzte Phase durchgezogen hat. Aus einer Eingebung heraus sprach ich ihn mit ihr auf dem Sterbebett; wir wählten ihn als Leitvers für die Todesanzeige, und „meine" Chorfrauen sangen ihn bei der Beerdigung.

Die persönliche und briefliche Anteilnahme von Freunden und Bekannten haben mir sehr gut getan und mich gestärkt und begleitet. Bei allen habe ich mich mit einem Brief bedankt, der mit den Schlußsätzen noch einmal zum Ausdruck bringt, welche Bedeutung die Zeit der Pflege für mich hatte: „Die Zeit, welche meine Mutter hier verbrachte, war eine erfüllte, reiche Zeit. Jeder, der meine Mutter und mich kennt und kannte, weiß, wie verschieden wir waren und sind – aber ich bin dankbar, daß unsere Mutter trotz sehr schwerer letzter Leidenszeit bei uns sein konnte. Ich sehe diese Jahre als für uns wertvolle Jahre."

„Meine Mutter ist so gestorben, wie sie gelebt hat"

Barbara, 49 Jahre, Sozialpädagogin, verheiratet, ein Kind; arbeitet in der Praxis ihres Mannes mit; nach dem Tod der Mutter hat sie an ihrem Wohnort eine Hospizgruppe aufgebaut.

Als die älteste Schwester von Barbara, die die Mutter ein knappes Jahr bei sich zu Hause betreut und gepflegt hatte, schwer krank wurde, entschlossen sich die Geschwister, die Mutter in einem Alters- und Pflegeheim unterzubringen. Barbara organisierte einen täglichen Besuchsdienst der Familie bei der Mutter und war Ansprechpartnerin des Pflegeheims in akuten Notfällen. Die Mutter lebte noch neun Monate bis zu ihrem Tod im Heim. Das Gespräch fand zwei Jahre nach dem Tod der Mutter statt.

Meine Mutter wurde 1913 geboren, kam mit dreizehn Jahren aus der Schule und arbeitete dann in der Fabrik. Mit achtzehn heiratete sie, und mit neunzehn bekam sie ihr erstes Kind. Sie hat dann über einen Zeitraum von zwanzig Jahren ungefähr alle zwei Jahre ein Kind zur Welt gebracht. Wir waren neun Geschwister. Ein Bruder von uns ist mit acht Jahren beim Überklettern eines Gartentörchens an den Metallstaketen hängengeblieben. Beim Versuch, sich loszureißen, stürzte er mit dem Kopf aufs Pflaster und trug schwere Kopfverletzungen davon. Meine Mutter brachte ihn mit dem Leiterwägelchen in die Klinik und versuchte bei den Alliierten, die die Kliniken zum damaligen Zeitpunkt besetzt hielten, die Erlaubnis für eine Operation zu erwirken. Unser Bruder ist dann aber seinen schweren Verletzungen erlegen, und dieser Kindstod war gewiß der schwerste Schicksalsschlag für meine Mutter. Zu dem nächstgeborenen Sohn hatte sie dann zeitlebens, bis zu ihrem Tod, ein besonders inniges Verhältnis.

Meine Mutter war eine eigenwillige Frau, die das Familienheft immer ganz fest in der Hand hielt. Sie hatte sehr konkrete Vorstellungen davon, wie sich ihre Kinder entwickeln sollten, was gut und richtig für sie sei. In dieser Beziehung legte sie eine unglaubliche und bewundernswerte Zähigkeit und Willenskraft an den Tag, und mit diesen Eigenschaften brachte sie die Familie durch schwierige Zeitläufte. So hat sie während des Krieges ihre bis dahin sechs Kinder allein aufgezogen.

Nach dem Krieg wurde der Familie die Wohnung gekündigt, und meine Eltern fanden mit ihrer zahlreichen Kinderschar keine entsprechende Mietwohnung. Schließlich wurde ihnen im Armenviertel der Stadt ein Quartier angeboten. Dieses Obdach lehnte meine Mutter rundweg ab. Wer in diesem Viertel wohnte, war abgestempelt. „Jetzt wird gebaut!" entschied meine Mutter. Mein Vater, ein eher zögerlicher Mensch, hätte zu diesem Wagnis nicht den Mut gehabt, sondern wäre eher geneigt gewesen, sich ins Schicksal zu fügen. So aber fügte er sich dem Willen seiner Frau, die unermüdlich Kredite auftrieb und die Bauerei in die Wege leitete.

Ich selber war als Kind viel krank; die Ursachen sind lange nicht erkannt worden. Da hat meine Mutter ebenfalls eine große Zähigkeit entwickelt, ist mit mir zu immer neuen Ärzten gegangen, bis mir schließlich nach vielen Jahren der Fehlbehandlung geholfen werden konnte. Meine Mutter hat wirklich gekämpft wie eine Löwin, hat sich für die Familie und die Kinder eingesetzt.

Als wir dann flügge wurden und die ersten Abnabelungstendenzen zeigten – das hat ihr gar nicht gepaßt. Da hat sie uns auch ziemlich an der kurzen Leine gehalten, vor allem die Mädchen. Meine beiden älteren Schwestern wären so gerne ins Ausland gegangen. Die eine träumte von Schweden, die andere von Luxemburg. Aber diese Vorhaben wußte meine Mutter zu vereiteln.

Ich bin mit zwanzig von einem Tag auf den andern aus der einengenden Atmosphäre des Elternhauses geflüchtet. In den sechziger Jahren war es in unserer Umgebung die Regel, daß ein Mädchen zu Hause lediglich auszog, wenn es heiratete. Als ich mich über diese Prämisse der Wohlanständigkeit hinwegsetzte, gab es einen großen Knall zwischen mir und meinen Eltern, und von Stund an war ich völlig auf mich selber gestellt. Mit allerlei Jobs und der Bürgschaft eines Bruders hielt ich mich über Wasser und finanzierte mein Studium selbst.

Noch heute bin ich überzeugt, daß der Auszug aus dem Elternhaus eine meiner besten Entscheidungen im Leben war. Das Verhältnis zu meiner Mutter hat sich nach meinem Auszug gebessert, aber sobald man bei ihr zur Tür herein kam, war man wieder das Kind.

Der Tod meines Vaters und der Auszug meiner jüngsten Geschwister aus dem Elternhaus fielen zeitlich fast zusammen. Meine Mutter war damals sechzig Jahre alt, und da hat sie sich natürlich sehr schwer getan, mit dieser Situation zurechtzukommen, nach so einer langen Zeit als Familienmutter plötzlich alleine zu leben. Sie hatte hohe Erwartungen an ihre Kinder, meinte, wir müßten sie ständig auf irgendeine Art betreuen. Mit der Zeit hat sie dann einen kleinen Freundeskreis aufgebaut, traf sich mit ein paar Freundinnen zum Kartenspielen, machte hie und da eine Kaffeefahrt mit.

Am liebsten hätte sie aber nach wie vor jeden Tag mit ihren Kindern verbracht. Leider konnte sie nicht davon ablassen, uns auch als Erwachsene bevormunden zu wollen. Das fing schon damit an, daß wir in ihren Augen alle die falschen Ehepartner gewählt hatten. Da war ihr kaum eine/r gut genug.

Ich selbst hatte ihr alles zu wenig im Zaum: meinen "Kruscht", mein Unkraut im Garten, auch mein Kind war ihr nicht geregelt genug. Auf diese Art und Weise war ja eine ganze Menge Konfliktpotential vorhanden, und so gelang es mir selten, richtig entspannt zu sein, wenn ich meine Mutter einmal die Woche zu mir nach Hause holte. Meistens begannen die Auseinandersetzungen über das Tagesprogramm bereits im Auto. Ich hätte mir gewünscht, daß sie sich auf das Kind einläßt, mit ihm spielt und spazieren geht, vielleicht etwas vorliest. Ihr hätte vorgeschwebt, daß das Kind seine Gemälde und Werke immer sofort nach der Fertigstellung "entsorgt", seine Lego-Figuren genau nach der Anleitung gebaut hätte. "Ja, so lernt das Kind ja nie was!" meinte sie, wenn es nach eigenen Vorstellungen etwas baute. Außerdem hätte es möglichst keinen eigenen Willen äußern sollen – so wie wir früher. Am liebsten wäre es ihr wohl gewesen, das Kind hätte geduldig gepuzzelt, solange sie meine Wohnung nach ihrem Geschmack umgestaltet hätte.

Auch meine äußere Erscheinung sollte ich ihren Vorstellungen anpassen. Ich war bereits über vierzig, als ich eines Tages beiläufig fallen ließ, ich wolle meine Haare rötlich tönen. Da ist sie in einen Weinkrampf ausgebrochen und drohte, sich nicht mehr mit mir auf der Straße blicken zu lassen. Halb belustigt, halb verärgert über ihren unangemessenen Ausbruch, antwortete ich ganz gelassen, daß ich in meinem Alter durchaus in der Lage sei, alleine auf die Straße zu gehen.

Trotz aller Spannungen haben sich die Geschwister nach Kräften um die Mutter gekümmert, allen voran meine zweitälteste Schwester, die im gleichen Stadtteil wohnte. Als meiner Mutter die eine oder andere Tätigkeit schwerfiel, half sie auch, das Haus und den Garten in Ordnung zu halten.

Meine Mutter war schon längere Zeit zuckerkrank und mußte sich regelmäßig Insulin spritzen. Als sie so Ende siebzig war, traten zusätzlich Durchblutungsstörungen auf. Ihr wurde dann schwindlig und schummerig. Sie verlor zwar nicht das Bewußtsein, aber sie trat geistig ab, war nicht richtig ansprechbar und auch etwas verwirrt. Als sich diese Zustände häuften, richteten wir einen regelmäßigen Telefondienst ein. Ich rief zum Beispiel jeden Morgen zu einer bestimmten Zeit bei ihr an und erkundigte mich nach ihrem Ergehen. Wenn sie sich nicht meldete, alarmierte ich meine Schwester, die in der Nähe wohnte. Dieser Zustand erstreckte sich über ungefähr eineinhalb Jahre, und im letzten halben Jahr hatten wir zunehmend das Gefühl, daß die Mutter eigentlich nicht mehr alleine leben kann. Die Absencen häuften sich, sie wurde immer vergeßlicher aß und spritzte sich nicht mehr regelmäßig. Sie ging zum Einkaufen und ließ das Haus offen stehen, vergaß den Herd auszuschalten. Sie hatte eine Gasheizung, und wir wurden von der Vorstellung beschlichen, daß sie eines Tages mitsamt dem Haus in die Luft fliegt. Wir überlegten hin und her, wie es weitergehen sollte, zogen auch „Betreutes Wohnen" in Erwägung.

In dieser Situation entschloß sich meine älteste Schwester, die Mutter zu sich zu nehmen. Wir anderen Geschwister waren natürlich sehr glücklich über diese Lösung, fanden sie ganz wunderbar. Auch die Mutter erklärte sich sofort einverstanden mit dem Umzug. Aber diese Entscheidung war der Anfang eines großen Dramas. Ich habe noch heute ein schlechtes Gewissen, weil wir uns so ganz und gar auf unsere Schwester verlassen haben. Das war nicht in Ordnung, daß wir uns damals so wenig Gedanken darüber machten, wie wir sie entlasten könnten, wenn sie schon bereit war, die Hauptverantwortung zu übernehmen.

Meine Schwester war aber auch so zuversichtlich gewesen, hatte sie doch die Betreuung und Pflege ihrer Schwiegermutter bis hin zu deren Tod als bereichernde und gute Erfahrung empfunden. Das war so eine ganz liebe Frau gewesen, die sich in alles schickte, meiner Schwester in nichts dreinredete, sondern einfach dankbar war, daß sie bei der Schwiegertochter und dem Sohn leben durfte und von ihnen versorgt wurde. Außerdem war sie nicht verwirrt gewesen und konnte auch für ein paar Stunden alleine gelassen werden.

Da war unsere Mutter allerdings aus einem andern Holz geschnitzt. Sie erwartete von meiner Schwester, daß diese von Stund an nur noch für sie dazusein habe. Vorübergehend gab meine Schwester, die bis dahin an zwei Nachmittagen in der Woche als Verkäuferin in einem Stoffgeschäft gearbeitet hatte, diese Tätigkeit auf. Als sie aber merkte, wie dringend sie den Abstand von der Mutter brauchte, fing sie mit der Arbeit wieder an. Frauen von der Nachbarschaftshilfe betreuten in dieser Zeit meine Mutter. Das hat ihr allerdings überhaupt nicht gepaßt, daß da jetzt fremde Leute kamen, um nach ihr zu schauen.

Meine Mutter war früher sehr sauber und pingelig gewesen. Zu ihren anderen Gebrechen war inzwischen noch eine Harninkontinenz gekommen. Sie lief jetzt ständig mit nassen Hosen herum. Alle Hilfsmittel wie Einlagen, Binden oder Zellstoffwindeln lehnte sie rundweg ab, und meine Schwester mußte oft dreimal in der Nacht aufstehen, um das Bett abzuziehen und die Mutter neu einzukleiden.

Auch beim Gehen wurde sie unsicher und wackelig. Mit dem Argument, sie sei doch nicht behindert, weigerte sie sich, einen Gehstock zu benutzen. Lieber hängte sie sich am Arm einer Begleitperson ein, die dann infolgedessen auch immer präsent zu sein hatte. Versuchte man ihr mit Argumenten und Engelszungen die Nützlichkeit all dieser Hilfsmittel deutlich zu machen, brach sie in Tränen aus und warf uns vor: „Ihr mögt mich nicht! Ihr seid nicht lieb zu mir!" Und meine arme Schwester wollte doch immer alles so recht machen!

Oft rief sie bei mir an, war völlig verzweifelt und hat nur noch geheult! Zum Beispiel, als ihr von der Mutter vorgeworfen wurde, sie würde deren ganzes Geld für sich selbst ausgeben. Meine Mutter hatte bereits vor längerer Zeit, als sie ihre schriftlichen Dinge nicht mehr selber regeln konnte, meinen beiden Schwestern eine Bankvollmacht für ihre Konten erteilt. Und jetzt machte sie meiner Schwester diese völlig haltlosen, aus der Luft gegriffenen Vorwürfe!

Auch ihren Medikamenten traute sie nicht. Sie war von der Angst verfolgt, durch die Tabletten ruhiggestellt, handlungsunfähig gemacht und vergiftet zu werden. Wenn ihr die Medikamente verabreicht wurden, steckte sie sie brav in den Mund, um sie dann in der Backe zu horten und in einem Moment, in dem sie sich unbeobachtet glaubte, in die Hand zu spucken. Als ihr meine Schwester am Vorabend ihrer achtzigsten Geburtstagsfeier, die sie zwar wünschte, die sie aber auch furchtbar nervös machte, ein Valium verabreichen wollte, telefonierte die Oma bei der ganzen weitläufigen Familie herum und beschwerte sich darüber. Anstatt die Schwester zu unterstützen, gab jeder seinen Senf dazu, wußte alles besser, kritisierte herum, nahm an der Feier teil, reiste dann wieder ab und überließ die Schwester ihrem mühseligen Pflegealltag! Das war sehr bitter für sie!

Das Essen, das Anziehen – alles wurde zum Drama! So konnte es meiner Mutter fünf Minuten vor Ladenschluß einfallen, daß sie zum Abendessen auf eine Bratwurst Appetit verspüre. Meine Schwester hatte aber schon etwas anderes vorbereitet und vertröstete die Oma mit der Bratwurst auf den anderen Tag gleich zum Mittagessen. Die Oma fing dann an zu heulen, bedauerte sich, weil sie doch schon so alt sei, so viel für ihre Kinder getan habe, und jetzt nicht mal ihre wohlverdiente Bratwurst bekomme.

Beim Anziehen behauptete sie immer, der Rock sei verkehrt 'rum. „Für wie verkalkt haltet ihr mich eigentlich!" rief sie dann. Wenn mir meine Schwester am Telefon völlig entnervt davon berichtete, beschwichtigte ich sie mit: „Reg' dich doch nicht auf! Dann laß sie eben so 'rumlaufen, wie sie das für richtig hält." Aber als ich später mit den gleichen Problemen konfrontiert wurde, konnte ich nachempfinden, wie meine Schwester gelitten hatte. Mir wurde nämlich klar, daß es sich da nicht nur um eine Altersverwirrtheit handelt, über die man mit genügend Abstand sogar lachen kann, sondern daß das die

Ausläufer des „Immer-über-andere-bestimmen-Wollens" und „Immer-das-letzte-Wort-haben-Wollens" waren.

Nach einem knappen Jahr ist meine Schwester schwer krank geworden und mußte in die Klinik. Ich bin überzeugt, daß der Krankheitsausbruch durch diesen zermürbenden Pflegealltag wenn nicht provoziert, so doch beschleunigt wurde.

Ich habe dann einen Kurzzeitpflegeplatz für meine Mutter organisiert. Ehe sie im Heim aufgenommen werden konnte, beherbergte ich sie noch eine Woche bei mir. Diese einzige Woche verschaffte mir dann vollends die Gewißheit, daß ich und meine Familie ebenfalls zugrunde gehen würden, wenn ich die Pflege und Betreuung der Mutter in dem Maß übernehmen würde, wie meine Schwester das getan hatte. Ich hatte Tag und Nacht keine Ruhe mehr. Tagsüber, während ich in der Praxis war, marschierte meine Mutter bei Minusgraden nur leicht bekleidet und in Hausschuhen völlig orientierungslos im Freien herum. Die Patienten kamen herein und sagten: „Da draußen läuft ′ne Frau ′rum." Ich brachte sie wieder in die Wohnung hoch, setzte unseren kleinen Sohn als „Aufpasser" zu ihr hin. Dann rannte ich den ganzen Tag völlig entnervt und hilflos zwischen der Mutter, die wieder ihre Absencen hatte und Infusionen benötigt hätte, und der Praxis hin und her. Nachts konnte ich nicht mehr schlafen, weil meine Mutter immer wieder aufwachte und auf allen Vieren durch die Wohnung kroch. Da bin ich dann recht schnell an meine Grenzen gestoßen.

Während der Kurzzeitpflege haben wir Geschwister uns zusammengesetzt und beschlossen, daß wir die Mutter im selben Heim in Langzeitpflege geben wollten. Außerdem haben wir uns auf einen Besuchsplan geeinigt, der sicherstellte, daß die Mutter jeden Tag Familienbesuch bekam. Bis auf einen Bruder waren alle Geschwister der Meinung, mit dieser Lösung am besten leben zu können.

Aber ein ganzer Wust an zermürbenden Auseinandersetzungen war mit dieser Entscheidung verbunden. Zwischen den Geschwistern und dem einen Bruder wechselten sich ausgesprochene und unausgesprochene Vorwürfe und Eifersüchteleien ab mit Beleidigtsein. Weil meine Mutter und mein Bruder so eine besondere Beziehung hatten, waren auch die Konflikte von besonderer Art. Er wollte nicht – und aufgrund der Entfernung konnte er vielleicht auch gar nicht – wahrhaben, daß seine geliebte Mutter so abgebaut haben und so verwirrt sein sollte. Aufgrund vieler Gespräche mit pflegenden Angehörigen weiß ich inzwischen, daß es in den meisten Familien zu solchen und ähnlichen Konflikten zwischen den Geschwistern kommt, wie das bei uns der Fall war.

Und mit der Mutter war es auch noch mal ein großer Kampf. In lichten Momenten sah sie zwar ein, daß der Schritt ins Heim notwendig war. Aber als die Kurzzeitpflege in eine Langzeitpflege umgewandelt werden sollte, bäumte sie sich nochmals mit allen ihr zur Verfügung stehenden Kräften dagegen auf. Mit einem Hungerstreik versuchte sie, ihre „Entlassung" zu ertrotzen.

Ich war damals völlig am Ende mit den Nerven. Erst die Nachricht von der Krankheit meiner Schwester, verbunden mit der Suche nach einer Unterbringung für die Mutter, dann die Auseinandersetzungen mit dem Bruder. Und soeben hatten wir erfahren, daß meine Schwester nur noch ganz kurze Zeit zu leben hätte. Und in dieser Situation hatte meine Mutter nur ihre eigene Befindlichkeit im Blick, sah nicht, wie verzweifelt wir versuchten, alles auf die Reihe zu kriegen – unseren Alltag mit Familie und Beruf, und dann noch diese zusätzlichen Belastungen. Ich war angefüllt mit Wut und Trauer gleichzeitig. Wütend über ihre Selbstsucht und Eigenwilligkeit, und traurig, weil ich wohl sah, wie sie litt.

Daß sie ihren eigenen Willen immer so auf die Spitze getrieben hat, ohne die Flurschäden zur Kenntnis zu nehmen, die sie damit anrichtete – das hat mir letztendlich auch geholfen, mit den Resten von schlechtem Gewissen fertig zu werden. Natürlich haben die Eltern viel für uns getan, aber wir tun ja auch viel für unsere Kinder. Und ich glaube nicht, daß früher, als es noch keine Altersheime gab, alles besser war. Da wurden die Ahne und der Ähne eben im Bett liegen gelassen, man stellte ihnen etwas zu essen und zu trinken hin, ging aufs Feld und kam abends wieder heim. Also, da war auch nicht alles zum besten, aber mit dieser Vorstellung wird viel Druck gemacht.

Als sich die Wogen wieder so einigermaßen geglättet hatten, war ich mir auf jeden Fall sicher, daß wir zwar keine Traumlösung, aber doch eine Möglichkeit gefunden hatten, mit der alle am besten leben konnten. Ich fand es gut, daß die Verantwortung und die Zuständigkeit für die Mutter unter den Geschwistern aufgeteilt war. An den freien Tagen konnte ich ohne schlechtes Gewissen meinem Tagwerk nachgehen, und wenn ich „dran" war, versuchte ich, mich auf die Mutter einzulassen. Wenn wir bei ihr waren, haben wir meist die ganze Pflege übernommen, auch im Heim. Zu Familienfeiern und Geburtstagen – und bei einer so großen Familie kommt ja einiges an Festen zusammen – haben wir sie selbstverständlich immer dazugeholt. Das hat sie sehr genossen, denn als „Stammutter" zwischen all ihren Kindern und Enkelkindern fühlte sie sich in ihrem Element. Da saß sie dann mittenmang und stolzerfüllt auf ihrem Stuhl, als handle es sich um einen Thron.

An meinen Besuchstagen kam ich meistens nach der Mittagsruhe ins Heim, half ihr aus dem Bett und beim Anziehen. Wenn es ihr Zustand erlaubte, gingen wir zusammen spazieren und tranken bei mir zu Hause einen Kaffee. Abends brachte ich sie noch ins Bett und verabschiedete mich dann von ihr.

Im letzten halben Jahr vor ihrem Tod ist sie auch ein bißchen weicher geworden. Als sie mal wieder wegen meinem Haushalt herummeckerte, sagte ich zu ihr: „Schau mal, Mutter, ich kann jetzt entweder hier 'rumräumen oder mir für dich Zeit nehmen und einen Kaffee mit dir trinken." Endlich konnte sie mal sagen: „Ja – eigentlich hast du recht."

Im Gegensatz zu meinen beiden älteren Schwestern gelang es mir auch so einigermaßen, meiner Mutter Grenzen aufzuzeigen. Nach den Besuchen im Heim kam die eine Schwester oft zu mir und heulte sich aus, weil sie von der Mutter dermaßen mit Vorwürfen und Vorhaltungen traktiert worden war. Als meine Mutter mich an einem Besuchstag auch mal so anschnauzte und behauptete, ich sei schon ein halbes Jahr nicht mehr dagewesen, und auch sonst recht wüst zu mir war, sagte ich: „Weißt du was: Ich kann meine Zeit sinnvoller verbringen, als mich hier von dir beschimpfen zu lassen. Jetzt überlegst du dir, was du mir alles vorgeworfen hast. Ich geh und komme morgen wieder – vielleicht bist du da besser aufgelegt." Als ich abends noch mal bei ihr hereinschaute, war sie bereits geläutert, und sie hat mir nie mehr solche Szenen gemacht.

Als meine älteste Schwester gestorben ist, das war für uns alle ganz unbeschreiblich traurig und schlimm. Wir haben unsere Mutter im Rollstuhl zu der Beerdigung mitgenommen. Nur auf dem Totenbett habe ich sie nochmals so klein und in sich zusammengefallen gesehen wie bei dieser Beerdigung. Der Tod ihrer Tochter raubte ihr den Lebenswillen, und von da an ging es rapide bergab mit ihr.

Zu ihrem einundachtzigsten Geburtstag, zwei Monate vor ihrem Tod, wollte sie alle ihre Kinder mit Familien einladen, und so ganz leise sagte sie: „Wer weiß, ob ich das noch mal kann." Das äußerte sie aber nicht auf so eine erpresserische oder selbstmitleidige Art, wie einem das manchmal begegnet. Ich hatte das Gefühl, daß sie für sich über die Endlichkeit ihres Daseins nachgedacht hatte und uns zum Abschied nochmals alle beisammen haben wollte. Das war aber das einzige Mal, daß sie etwas in dieser Richtung geäußert hat. Früher, als sie noch rüstig war, sprach sie mit größerer Selbstverständlichkeit vom Tod oder auch von ihrer Beerdigung. Da hat sie beispielsweise geäußert, daß sie nicht in der Klinik an Apparaten hängen, sondern in Ruhe sterben wolle, von welchem Pfarrer sie dereinst beerdigt werden möchte, daß am Leichenschmaus Maultaschen gereicht und wir nicht soviel Geld für den Sarg ausgeben sollen. Diese früher geäußerten Wünsche haben wir ihr auch erfüllt.

Je näher der Tod kam, um so weniger wollte sie über diese Dinge reden. Ich habe sie zum Beispiel während ihrer letzten Lebensmonate ganz vorsichtig gefragt, ob wir Geschwister uns mit ihr zusammensetzen sollen, damit sie Dinge, die sie vielleicht noch mit uns regeln möchte oder auf dem Herzen hat, mit uns besprechen könne. Da hat sie sich in ihrem Stuhl kerzengerade aufgerichtet und gesagt: „Du kannst es wohl nicht erwarten, bis ich vollends abgekratzt bin." Da habe ich natürlich keine Anstalten mehr gemacht, dieses Thema aufzugreifen.

Und wie sie gelebt hat, eigenwillig und selbstbestimmt, so ist sie auch gestorben. Zwei Wochen vor ihrem Tod erhielt ich nachts einen Anruf vom Heim. Sowohl die Nachtschwester als auch der herbeigerufene Hausarzt waren der Meinung, ihre Todesstunde sei gekommen. Sie rieten mir, meine Geschwister umgehend zu benachrichtigen. Als am andern Mittag die Schwester, die in Griechenland lebt, eingeflogen war, und die andere Schwester ihren Tags zuvor angetretenen Urlaub abgebrochen hatte, saß die Oma quietschvergnügt bei Kaffee und Kuchen und verfolgte mit großem Interesse eine Modenschau im Altersheim. Nicht nur wir Angehörigen – auch das Pflegepersonal glaubte seinen Augen nicht trauen zu können.

Trotz dieser „Auferstehung" wurde sie immer weniger. Wir haben sie auch nicht mehr allein gelassen, sondern lösten uns Tag und Nacht an ihrem Bett ab. Ich habe meistens die Nachtwache übernommen. Als ich eines Nachts so vor mich hindöste, ist sie aufgewacht, strich mir über den Kopf und sagte: „Ihr seid jetzt alle so lieb zu mir." Diese Geste und diese Worte hatten nach all den Auseinandersetzungen etwas sehr Versöhnliches und Tröstliches, und das war für mich dann auch der eigentliche Abschied von ihr.

Nur noch selten hat sie sich so klar ausgedrückt. In der letzten Zeit begann sie immer häufiger, statt mit Namen und Begriffen, mit Zahlen zu hantieren. Eines Tages äußerte sie wiederholt den Wunsch, sie wolle „Zwei". Ich überlegte hin und her, was sie damit meinen könnte, schlug ihr alles mögliche vor und erntete jedesmal nur ein Kopfschütteln. Schließlich fiel mir ein, daß ein Mensch, der bald stirbt, vielleicht nochmal sein Lieblingsessen möchte. Ich rief meiner Schwester an und bat sie, ein Bohnengericht zu kochen. Tatsächlich hat meine Mutter den ganzen Topf ratzeputz leer gegessen. Als ich sie fragte, ob das jetzt die „Zwei" gewesen sei, antwortete sie mit einem ganz befriedigten und klaren „Jaaa". Das war die letzte Mahlzeit, die sie zu sich nahm. Von da an hat sie nichts mehr gegessen und getrunken – selbst die Infusionen wurden vom Körper nicht mehr aufgenommen. Die Adern waren bereits so porös, daß die Flüssigkeit ins Gewebe lief.

Mit dem Sterben hat sie gewartet, bis ihr Lieblingssohn Nachtwache bei ihr hielt. Wir durften unsere Mutter noch bis zum nächsten Abend in ihrem Zimmer lassen, und die Familie, Freunde und Heimbewohner konnten sich von ihr verabschieden. Unser Sohn, damals acht Jahre alt und das einzige Kind am Totenbett, verabschiedete sich auf seine Weise von der Oma. Nachdem er sie still betrachtet hatte, pflückte er ihr draußen am Bachufer einen Blumenstrauß, garnierte ihn noch mit einer schönen Weinbergschnecke – er liebte damals solche Tiere über alles – und legte ihn auf ihr Bett. Als alle anderen weg waren, fragte er mich, ob er die Oma berühren dürfe, und ob er ein Stückchen ihrer Haut für sein Mikroskop haben könne – der Oma täte das ja jetzt nicht mehr weh. Ich sagte ihm, daß auch ein toter Mensch ein Recht auf Unversehrtheit und Achtung habe, und daß man auch mit einer toten Oma nicht alles machen könne, was einem gerade so einfalle.

Ich selbst bin noch den ganzen Nachmittag alleine bei meiner Mutter gesessen. Ich habe gedacht, was sie doch für ein besonderer und unverwechselbarer Mensch gewesen ist, und ich habe gespürt, wie gern ich sie gehabt habe. Es war ganz ruhig und friedlich – aber ich wäre nicht überrascht gewesen, wenn sie ihre Augen plötzlich wieder aufgemacht und triumphierend gesagt hätte: „Gell, das hätte euch jetzt so gepaßt!"

In den Tagen nach dem Tod meiner Mutter war ich ganz ruhig. Aber bei der Beerdigung bin ich vollkommen ausgerastet. Von dem Augenblick an, da ich die Haustür hinter mir zumachte, habe ich nur noch geweint, geweint und nochmals geweint. Meine Tränen haben nicht nur meiner Mutter gegolten, sondern all den Menschen, die ich zuvor innerhalb kurzer Zeit verloren hatte und die mir nahestanden.

Ich habe geweint um meine liebe Schwester, die mir als Kind und auch später so oft aus einer Verlegenheit geholfen, mich getröstet und beschützt hat. Geweint um den älteren Sohn meines Mannes, der für unseren kleinen Buben der geliebte und bewunderte große Bruder war – verloren durch einen Verkehrsunfall, gerade zu einem Zeitpunkt, als das „eigentliche" Leben für ihn beginnen sollte. Geweint um meine Freunde, die ebenfalls viel zu jung an Krebs gestorben sind; einen von ihnen konnten wir zusammen mit seiner Familie und anderen Freunden bis zum Tod begleiten; der andere mußte seine letzten Stunden allein in der Anonymität des Krankenhauses verbringen.

All diese Verluste und Erfahrungen haben dazu geführt, daß ich nach dem Tod meiner Mutter damit anfing, in unserer Stadt eine Hospizgruppe aufzubauen. Zusammen mit anderen Menschen möchte ich pflegende Angehörige ganz praktisch und ehrenamtlich entlasten – ihnen eine „Rast" auf ihrem schweren Weg ermöglichen. Das kann zum Beispiel durch Besuche oder Nachtwachen bei Kranken und Sterbenden geschehen. Wir wollen mit diesem Angebot dazu beitragen, daß verwirrte, alte oder kranke Menschen möglichst lange in ihrer vertrauten Umgebung bleiben können; daß Menschen mit Wärme und Geborgenheit an ihrem Lebensende verabschiedet werden – ganz so, wie wir sie am Lebensanfang empfangen.

Nachwort

Altwerden, Tod, Sterben, das sind bei uns fast unanständige Worte. Altwerden heißt in der Regel, seinen Platz verlieren im Kreis der Nützlichen, der Produktiven, der Tüchtigen. Das Wertsystem unserer Gesellschaft wendet sich gegen den alternden Menschen, wird ihm selbst zum Gericht. Wo Tun und Funktion wertvoller waren als Sein und Beziehung, heißt Altwerden Vereinsamung – nicht nur durch das Wegsterben Gleichaltriger. Je erfolgreicher die Kinder, desto eingebundener sind sie in den Kreis ihres Tuns, oft wohnen sie weit entfernt, im Rahmen der vom Arbeitsplatz geforderten Mobilität.

Überaltert und hungrig nach Leben statt alt und am Leben satt geworden, so erleben wir häufig alte Menschen. „Ach wissen Sie, Herr Doktor, jetzt bin ich achtzig und habe noch überhaupt nicht gelebt", sagte eine Patientin, der ihre Lebensangst die Luft nahm. Ein Gefühl, das könne es doch nicht gewesen sein, das Eigentliche müsse erst noch kommen, läßt viele verzweifelt festhalten an ihrem Leben, das oft von Tag zu Tag bei schwindenden Kräften und Fähigkeiten mühsamer wird. So sind nicht wenige alte Menschen in ihrer Anklage gegen das entgangene Leben sich, ihrer Umwelt und ihrer Familie eine Plage.

Es gibt auch reif gewordene Alte, und ihre Begleitung macht froh und reich. Ihrer eigenen Vorläufigkeit bewußt, haben sie ihre Kinder ins Leben entlassen, was ihnen geschenkt war, dankbar genossen, im Schmerz um ihre Vergänglichkeit ihr Leben rechtzeitig abschiedlich gelebt. Ihr Sein gleicht einer offenen Hand, die das Leben genommen hat in seiner Fülle und Begrenzung, die beides weitergab, die loslassen kann und offen ist für Neues, auch für das endgültig ganz Andere.

Zwischen beiden Extremen gibt es vielfältige Zwischenstufen.

Wie groß der Hunger ist, neu zu lernen, was in unserer Zivilisation verlorenging im Umgang mit Alter und Tod, zeigt die Offenheit, der Christa Hahn-Haupt beim Sammeln ihrer Geschichten begegnet ist. So sehr diese Themen Tabuthemen sind, so sehr brennen sie betroffenen Menschen unter den Nägeln. Es ist erleichternd, Erfahrungen mitteilen und teilen zu können. Unser Leiden an Nicht-Gelungenem wird erträglicher, unsere Dankbarkeit für Gelungenes größer – durch beides werden wir lebendiger.

Es gibt – bei allen Unterschieden in den einzelnen Situationen – bestimmte Regeln, deren Beachtung eine Pflege einfacher machen.

1.) Menschen, die stark „verhakt" sind miteinander, sind ein schlechtes Gespann für den letzten Lebensabschnitt. Haben die Eltern für das Ungelebte in ihrem Leben nicht selbst die Verantwortung übernommen, nehmen sie die Kinder in die Pflicht. Haben Vater oder Mutter den Sohn oder die Tochter nie wirklich freigelassen in ein eigenes, nicht von den Eltern bestimmtes Leben, haben Sohn oder Tochter sich nicht befreit von Erwartungen und Ansprüchen der Eltern oder haben sie noch Ansprüche an die Eltern, dann wird die Pflege zum Machtkampf, geprägt durch Übergriffe von beiden Seiten, enttäuschend und anstrengend für beide. Der Pflegende brennt aus an den Ansprüchen der Alten, bleibt enttäuscht in den seinen, er plagt sich mit negativen Gefühlen dem doch geliebten Menschen gegenüber.

In diesem Fall ist es für alle Beteiligten leichter und lebensdienlicher, wenn Fremde die Pflege übernehmen und die „Kinder" die Eltern besuchen. Aus der Distanz heraus ist dann eher eine Begegnung in Achtung möglich.

„Du sollst deinen Vater und deine Mutter ehren", war ursprünglich ein Gebot, das die materielle Lebenssicherung der alten Eltern garantierte und die erwachsenen Kinder aufforderte, sich mit ihren Wurzeln auszusöhnen. Eltern sind für das seelische Wohlergehen ihrer Kinder verantwortlich; was sie empfangen haben, geben die Kinder ihren Kindern weiter. Kinder sind nie, auch nicht als Erwachsene, für das seelische Wohlbefinden ihrer Eltern verantwortlich. Verlust von Fähigkeiten, Krankheit und Abhängigwerden sind übliche und natürliche Folgen des Alters. Ob das Alter bewältigt und gelebt werden kann, ist Folge des gelebten Lebens, aber nicht die Verantwortung der nächsten Generation. Am Konflikt, ob das seelische Wohlergehen der eigenen Kinder vor dem der zu pflegenden Eltern geht, wird oft erst klar, wenn Pflegende Verantwortungen übernehmen, die nicht die ihren sind. Oft erst an diesem Punkt schaffen es fast alle Frauen, sich für ihre Kinder und - im Notfall - gegen die Eltern zu entscheiden, erst jetzt ziehen sie notwendige Grenzen.

Bis zur nächsten, zwingenden Frage ist es dann ein kleiner Schritt: Bin ich für mein eigenes Wohlergehen weniger verantwortlich als für das der Eltern? Wenn nicht, warum kann ich mich dann gegen überzogene Ansprüche nicht abgrenzen? Gerade „ungeliebte" Töchter und Schwiegertöchter sind hier gebunden. Wieder in der Rolle des Kindes, suchen sie durch die hingebungsvolle Pflege, die einst nicht erlebte oder ergriffene Liebe zu finden.

Im Vorfeld einer Pflege ist es gut, dies alles zu durchdenken und mit einem vertrauten Außenstehenden die eigene Beziehungssituation nüchtern anzusehen - soweit man das schon kann. Manche Frauen (die meisten Männer sowieso) schützen sich durch ihre Berufstätigkeit: „Es tut mir leid, ich kann Mutter/Vater nicht pflegen, ich bin ja berufstätig." Kann frau/man sich nicht genügend abgrenzen, ist das ein legitimer Schutz; es ist nur gut, sich im Klaren zu sein, daß es ein Schutz ist und nicht der eigentliche Grund. Wichtig ist diese Klarheit für die Beziehung zu dem, der dann die Pflege stellvertretend (privat oder professionell) übernimmt: Ich werde ihn mehr achten, mein schlechtes Gewissen nicht in Vorhaltungen und Besserwisserei leben.

2.) Das führt zum nächsten Punkt: die Beziehung der Geschwister untereinander. Oft sind mehrere Kinder da, die nun gemeinsam verantwortlich sein sollten für die äußere Versorgung der alten Eltern. Häufig übernimmt ein Kind die Pflege und damit eine große Last, die anderen Geschwister kommen ab und zu zu Besuch. Spannungen sind Folge des Ungleichgewichts der Lastenverteilung. In manchen Geschichten dieses Buches wird das Thema, quasi in Nebensätzen, angesprochen, und wir haben uns gefragt, wie diese Geschwisterbeziehungen gelebt worden sind und gelebt werden.

Gegenseitige Offenheit der Geschwister untereinander ist die wesentliche Voraussetzung, die Verteilung der Lasten immer wieder neu offen zu bereden. Präzise Absprachen über die Entlastung und Vertretung der/des Pflegenden durch die Geschwister und über die materielle Würdigung dieser Arbeit sind unerläßlich. Es ist Aufgabe der nicht pflegenden Geschwister, am Anfang und fest institutionalisiert in sechs- bis zwölfmonatigen Abständen solche Lastverteilungsgespräche zu ermöglichen. Dies ehrt die Pflegenden. Nichtachtung führt zu Bitterkeit. Bei der materiellen Würdigung sollten neben dem Pflegegeld, das insbesondere bei verwirrten Menschen in keinem Verhältnis zum Aufwand steht, auch Renteneinkünfte und ein eventuell zu erwartendes Erbe miteinbezogen werden. Es geht nicht an, daß ein Kind die Pflege übernimmt, damit viel Geld spart und hinterher die Erbschaft zu gleichen Teilen unter den Geschwistern aufgeteilt wird.

3.) Dies führt zum Thema „Vorausdenken, Planen" allgemein. Häufig wird eine Pflege aus dem Augenblick heraus übernommen: Ein alter Mensch fällt, wird plötzlich krank. Bisher konnte er sich noch selbst versorgen, nun ist das nicht mehr möglich. Schnell soll eine Lösung gefunden werden.

Es ist besser, wenn über diese Dinge schon vorher nachgedacht wurde. Altwerden ist ein Prozeß, der sich über Jahre und Jahrzehnte voraussehbar entwickelt. Wo er bejaht und angenommen wird, von den Alten und den Jungen, sind Gespräche über die Gestaltung der letzten Lebensjahre das Nächstliegende und Natürliche.

Weigern sich die Alten, ihr Nachlassen anzusehen, haben es die Jungen schwer. Sie lösen Aggressionen aus, wenn sie das Thema „Altern" oder gar „Sterben" ansprechen. Für beide Teile ist es in der Regel einfacher und kräftesparender, diese anstehenden Fragen rechtzeitig zu artikulieren, sachlich und liebevoll. Falls dies nicht möglich sein sollte, ist es gut für die Jüngeren, wenn sie sich für sich selbst (am besten mit den Geschwistern) Gedanken machen, damit sie vorbereitet sind, wenn plötzlich ein Ereignis eintritt, das Handeln fordert.

Es ist gut, im Vorfeld abzuklären, ob ich mir eine Pflege vorstellen kann oder nicht. Die Übernahme einer Pflege greift mächtig ins Beziehungsgefüge der Familie ein, deshalb ist die ganze Familie in die Entscheidung mit einzubeziehen. Was sind die Kriterien?

• Will der eventuell zu Pflegende überhaupt von mir gepflegt werden? Kann er sich von mir helfen lassen?

• Kann ich den Körper des zu Pflegenden ohne Widerstände berühren, liebevoll mit ihm umgehen?

• Wie weit bin ich mit dem zu Pflegenden noch verhakt? Kann ich mich abgrenzen? Wenn nein, wie kann ich es lernen? Was brauche ich dazu? Mit wem kann ich das besprechen?

• Habe ich die Räumlichkeiten, die nötig sind (am besten einen eigenen Raum für den zu Pflegenden, möglichst auf demselben Stockwerk wie Bad, Toilette und Eßzimmer)?

• Habe ich die Zeit, die ich für die Pflege brauche; will und kann ich sie mir schaffen? Wieviel Zeit bleibt mir dann noch für mich selbst? Wieviel für meinen Partner, für meine Kinder, für meine Freundschaften?

• Ruhe und Distanzzeiten sind in jeder Pflegesituation ein Muß. Wöchentlich ist ein halber freier Tag das absolute Minimum, sonst brennt der/die Pflegende aus und verliert sich selbst. Urlaub ist ebenso ein Muß. Wer kann in dieser Zeit die Pflege übernehmen? Hier sind konkrete Absprachen über zeitliche und/oder materielle Unterstützung mit den Geschwistern unter Einbeziehung des zu Pflegenden notwendig.

• Welche Entlastungen kann ich mir sonst noch vorstellen? Wie lebe ich weiter mein Leben, wo kann ich meine Kreativität, zum Beispiel in einem Hobby, leben? Das ist für den zu Pflegenden notwendig, sonst schlägt die Zuwendung langsam um in Bitterkeit, ja sogar Haß.

• Auch wenn ich Entlastungsmöglichkeiten finde (zum Beispiel durch die Sozialstation und/oder Nachbarschaftshilfe), werde ich sehr eingespannt sein. Will ich das? Kann ich es leben, ohne in die Opferrolle (und damit möglicherweise in eine Depression) zu fallen? Wenn ich diese Gefahr sehe, wie kann ich ihr im Vorfeld begegnen? Was oder wen brauche ich dazu?

Als alt werdender Mensch (so vom fünfzigsten Lebensjahr an), der sich mit seinen nachlassenden Fähigkeiten auseinandersetzt, kann ich praktisch abschiedliches Leben üben, indem ich zeitig anfange herzugeben: Besitz, Verantwortlichkeiten, Zeit, und indem ich

• mein Testament schreibe,

• schriftlich (und notariell beglaubigt) niederlege, wie weit ich beispielsweise intensivmedizinisch betreut und künstlich ernährt werden will, wenn meine geistigen Fähigkeiten nachlassen oder deutlich wird, daß ich aufs Sterben zugehe,

• meinen Kindern oder anderen Vertrauenspersonen Einblick und Vollmachten gebe in und für meine finanziellen Dinge,

• Vollmachten erteile für den Fall, daß ich nicht mehr entscheiden kann, oder festlege, wer mein Betreuer sein und welche Vollmachten dieser haben soll.

4.) Schön ist es, wenn der alte Mensch nicht nur die Organisation seiner Lebensgestaltung mitplant, sondern auch schon über sein Sterben und seinen Tod nachdenkt. Noch schöner ist es, wenn er das mit Angehörigen zusammen tun kann. Das hilft den Bleibenden mit gutem Gewissen zu bleiben, den Jüngeren, rechtzeitig ihre Vorläufigkeit in den Blick zu bekommen.

Abschiede zu leben, ist etwas ganz Wesentliches. Abschiednehmende Menschen haben das Bedürfnis, ihr Leben noch einmal anzusehen in seiner Fülle, mit Gutem und Schwerem. Das weckt das Verlangen, für Gelungenes zu danken, für Mißlungenes um Vergebung zu bitten. Gelingt dies, geschieht das, was die Bibel „segnen" nennt: der/die Gehende gibt die Bleibenden frei für ihr eigenes, erfülltes Leben.

Ein sterbender Mensch kann seine Beerdigung und die damit verbundenen Riten selbst (mit)planen. Dies hilft, einen Raum für Liebe, Würdigung, Dankbarkeit bei der Trauerfeier zu schaffen. Die Verbundenheit mit dem Gegangenen ist spürbar; obwohl er gegangen ist, ist er einbezogen ins Leben. Plant ein Sterbender diesen Raum mit, hilft er den Bleibenden zu bleiben, ihre Trauer lebensschaffend zu leben, über den Tag der Beerdigung hinaus.

Dr. med. Hiltraut und Dr. med. Martin Kaiser

Hiltraut Kaiser, geb. 1948, und Martin Kaiser, geb. 1947, verheiratet, vier Kinder; sechs Jahre als Gastarbeiter in Papua-Neuguinea; dieser Aufenthalt schärfte den Blick dafür, wie bei uns und in anderen Kulturen mit Alter, Krankheit und Tod umgegangen wird; Arbeit am Paul-Lechler-Krankenhaus in Tübingen, überwiegend mit alten und sterbenden Menschen; vier Jahre pflegte die Familie die Eltern von Martin Kaiser bei sich im Haus; etwas später Begleitung der an Krebs erkrankten Mutter von Hiltraut Kaiser; 1998 Übernahme einer Landarztpraxis.

Unterstützungsmöglichkeiten für pflegende Angehörige

I. Ambulante Hilfen

1. Pflegerische Hilfen

1.1. Tübinger Projekt
Ziel des Projekts ist die Vermeidung oder Verkürzung von Klinikaufenthalten. Zu den speziellen Aufgaben gehören die „Brückenpflege" für Tumorerkrankte, um die Krankenhausentlassung vorzubereiten und die Behandlungspflege zu sichern, die „zeitintensive Pflege" als Ergänzung des Angebots der Sozialstationen und die „Angehörigenentlastung" für pflegende Angehörige, die für einige Stunden Entlastung benötigen.
→ *Tübinger Projekt*

1.2. Sozial- u. Diakoniestationen und private Pflegedienste
Sozialstationen bieten häusliche Grund- und Behandlungspflege durch Krankenschwestern und Pfleger, Haus- und Familienhilfe durch FamilienpflegerInnen, Nachbarschaftshilfe und mobile Hilfsdienste durch NachbarschaftshelferInnen und Zivildienstleistende an.
→ *Sozial- und Diakoniestationen, private Pflegedienste*

2. Mobile Hilfsdienste

2.1. Nachbarschaftshilfe
Nachbarschaftshilfen übernehmen kleinere Dienste in Haushalt und Familie, insbesondere, um Notlagen zu überbrücken.
→ *Sozialstationen*

2.2. Mobile soziale Dienste
Der MSHD umfaßt pflegerische Hilfen, Hilfen im Haushalt sowie Hilfen zur Erhaltung und Erweiterung des sozialen Umfelds; zumeist durch Zivildienstleitende.
→ *Kreisverbände der Wohlfahrtspflege (Rotes Kreuz, Johanniter, Arbeiterwohlfahrt, Arbeiter-Samariter-Bund, Körperbehindertenförderung, etc.)*

2.3. Essen auf Rädern
Der Mahlzeitendienst ist für diejenigen gedacht, die ihre Wohnung nur noch unter Schwierigkeiten verlassen können. Sie können in aller Regel zwischen einer täglich angelieferten warmen Mahlzeit und Tiefkühlkost wählen.
→ *Kreisverbände der Wohlfahrtspflege*

2.4. Hausnotruf/Telefonketten
Es handelt sich hierbei um ein kleines

Zusatzgerät zum Telefonanschluß, das man ständig bei sich trägt. Im Bedarfsfall wird durch Knopfdruck der Kontakt zur Zentrale hergestellt, die dann umgehend den Notarzt benachrichtigt.

→ *Kreisverbände der Wohlfahrtspflege, private Anbieter, Kuratorium für offene Altenarbeit*

3. Beratungsstellen und Ämter:

3.1. IAV-Stellen

Informations-, Anlauf- und Vermittlungsstellen informieren und beraten Ältere, behinderte oder chronisch kranke Menschen und ihre Angehörigen über Möglichkeiten der Unterstützung in selbständiger Lebensführung und bei einer pflegerischen Versorgung. Sie klären erforderliche Hilfen ab und leiten auf Wunsch die nötige Unterstützung in die Wege. Als Schnittstelle zwischen ambulantem und stationärem Bereich, zwischen Gesundheits- und Sozialwesen fungieren sie auch als wichtige Ansprechpartner für die Dienste im Versorgungsnetz.

→ *IAV-Stellen*

3.2. Beratungsstelle für ältere Menschen und deren Angehörige

Die Beratungsstellen bieten älteren Menschen und ihren Angehörigen qualifizierte Gespräche und Gruppenangebote und begleiten sie bei der Bewältigung schwieriger Lebenssituationen. Im geschützten Rahmen ist es möglich, sich mit persönlichen Schwierigkeiten auseinanderzusetzen und individuelle Problemlösungen zu entwickeln.

→ *Beratungsstelle für ältere Menschen und deren Angehörige*

3.3. Wohnberatung

Fachkräfte informieren darüber, wie die eigenen vier Wände im Hinblick auf mögliche Einschränkungen des Alters oder bei Krankheit eingerichtet und umgestaltet werden können. Sie stehen auch bei der Planung von neu- oder umzubauendem Wohnraum zur Verfügung.

→ *Kuratorium für offene Altenarbeit*

3.4. Gerontopsychiatrische Sprechstunde

Ziel dieser Fachsprechstunde in der Universitätsklinik ist es, älteren Menschen mit seelischen Problemen (Einsamkeit, Vergeßlichkeit, Gefühl von Überforderung, etc.) zu helfen. Anhand eines diagnostischen Gesprächs und weiterer Untersuchungen wird gegebenenfalls ein Behandlungsplan aufgestellt.

→ *Senioren und Gedächtnissprechstunde*

3.5. Sozialamt

SachbearbeiterInnen beraten und informieren über rechtliche Ansprüche, wie Hilfe zum Lebensunterhalt oder Hilfe in besonderen Lebenslagen. Bei einer geplanten Heimübersiedlung oder im Pflegefall informieren die Sozialämter über finanzielle Hilfen.   → *Sozialämter*

4. Rechtliche Hintergründe

4.1. Pflegeversicherungsgesetz
4.1.1. Antragstellung:

Die Pflegekassen sind in der Regel über die jeweilige Krankenkasse zu erreichen. Dort erhält man ein Antragsformular, welches ausgefüllt an die Pflegekasse zurückgeschickt wird. Ob und in welchem Umfang Leistungen im Rahmen des Pflegeversicherungsgesetzes geleistet werden, muß durch den Medizinischen Dienst der Krankenkassen (MdK) festgestellt werden. Bei einem kostenfreien Hausbesuch durch einen Gutachter des MdK wird die Einstufung in Pflegestufe 1, 2 oder 3 vorgenommen oder der Antrag abgelehnt. Vorteilhaft ist es, vor dem Besuch des Gutachters ein detailliertes, persönliches Pflegetagebuch zu führen und eine ärztliche Stellungnahme zu besorgen. Während des Besuchs sollte eine pflegende Vertrauensperson anwesend sein und ebenfalls befragt werden.

4.1.2. Pflegestufen und Pflegezeiten:

	Verrichtungen des täglichen Lebens (Körperpflege, Ernährung, Mobilität)	Hauswirtschaftliche Hilfe	Gesamter Hilfebedarf
Pflegestufe I	Hilfebedarf von Ø 45 Minuten und mind. 2 Verrichtungen am Tag	Hilfebedarf von Ø 45 Minuten täglich bei mehrfachem Bedarf pro Woche	Durchschnittlicher Hilfebedarf von insgesamt 90 Minuten täglich
Pflegestufe II	Hilfebedarf von Ø 2 Stunden, wenigstens dreimal täglich zu verschiedenen Tageszeiten	Hilfebedarf von Ø 60 Minuten täglich bei mehrfachem Bedarf pro Woche	Durchschnittlicher Hilfebedarf von insgesamt 3 Stunden täglich
Pflegestufe III	Hilfebedarf von Ø 4 Stunden bei einem Bedarf „rund-um-die-Uhr"	Hilfebedarf von Ø 60 Minuten täglich bei mehrfachem Bedarf pro Woche	Durchschnittlicher Hilfebedarf von insgesamt 5 Stunden täglich

	Ambulanter Bereich		Stationärer Bereich
	Geldleistung	Sachleistung	Sachleistung
Pflegestufe I	400 DM	750 DM	2000 DM
Pflegestufe II	800 DM	1800 DM	2500 DM
Pflegestufe III	1300 DM	2800 DM	2800 DM

4.1.3. Leistungen:

Die Pflegeversicherung übernimmt je nach Pflegestufe entweder Kostenanteile für Pflegedienste (Sachleistungen) oder zahlt einen festgelegten Betrag an die pflegebedürftige Person aus (Geldleistungen), mit dem sie Hilfen selber entlohnen kann. Eine Kombination aus Geld- und Sachleistungen ist ebenfalls möglich. Häufig sind eigene Zuzahlungen erforderlich.

4.1.4. Sonstige Leistungen

- Häusliche Pflege bei Verhinderung der Pflegeperson
- Pflegehilfsmittel, technische Hilfen und Zuschüsse zur pflegegerechten Gestaltung des individuellen Wohnumfelds
- Kurzzeitpflege
- Tagespflegezuschuß
- Beitragszahlung in die gesetzliche Rentenversicherung der Pflegeperson, sofern mind. 14 Stunden Pflege pro Woche erbracht werden
- Pflegekurse für Angehörige und ehrenamtliche Pflegepersonen

→ *Pflegekassen, IAV-Stellen*

4.2. Rechtliche Hintergründe für den Betreuungsfall

4.2.1. Bestellung eines Betreuers

Die Anordnung einer Betreuung wird dann notwendig, wenn ein Volljähriger z.B. infolge einer geistigen oder seelischen Behinderung (etwa auch wegen zunehmenden Alters) hilfsbedürftig geworden ist und nicht mehr in der Lage ist, seine Angelegenheiten ganz oder teilweise zu besorgen. Der Betreuer wird durch das Vormundschaftsgericht für die Bereiche bestellt, in denen der Betroffene nicht selbst handeln kann. Diese Bereiche umfassen beispielsweise die Gesundheitsfürsorge, die Aufenthaltsbestimmung oder die Vermögenssorge. Die Bestellung eines Betreuers ist keine Entrechtung, da Entscheidungen mit dem Betroffenen abgesprochen werden. Ist von Seiten des Vormundschaftsgerichts allerdings ein Einwilligungsvorbehalt angeordnet, so tritt hierdurch eine Beschränkung der Teilnahme am Rechtsverkehr ein.

→ *Notar, Rechtsanwalt, Betreuungsbehörde, Betreuungsverein*

4.2.2. Betreuungsverfügung

Im Rahmen einer schriftlich abgefaßten Betreuungsverfügung kann eine bestimmte Person als Betreuer vorgeschlagen werden. Existiert keine Vertrauensperson für eine Vorsorgevollmacht (s.u.), so empfiehlt es sich, eine Betreuungsverfügung abzufassen, in welcher der Betroffene, für den Fall einer gesetzlichen Betreuung detailliert die Bereiche und die Form der Betreuung festlegt. Es kann darin beispielsweise aber auch festgehalten werden, daß eine Verzögerung des Sterbevorgangs mit Hilfe der hoch technisierten Medizin nicht erfolgen soll.

→ *Notar, Rechtsanwalt, Betreuungsbehörde, Betreuungsverein*

4.2.3. Vorsorgevollmacht

Es ist sehr sinnvoll, rechtzeitig, noch bevor eine gerichtliche Betreuerbestellung notwendig wird, eine Person des Vertrauens, allgemein oder beschränkt auf einzelne Angelegenheiten (z.B. Bankvollmacht) zu bevollmächtigen. Sicherheitshalber empfiehlt es sich, die schriftlich verfaßte Vorsorgevollmacht von einem Notar beglaubigen zu lassen.

→ *Betreuungsbehörde, Betreuungsverein*

4.2.4. Patientenverfügung

Die Patientenverfügung dient als Entscheidungshilfe für den behandelnden Arzt. Hierin wird festgehalten, daß, falls die Urteils- und Entscheidungsfähigkeit der unterzeichnenden Person unwiderruflich verloren ist, auf Maßnahmen verzichtet werden soll, die nur noch eine Sterbens- und Leidensverlängerung bedeuten würden.

→ *Kuratorium für offene Altenhilfe, IAV-Stellen*

4.3. Bundessozialhilfegesetz

Das Bundessozialhilfegesetz regelt die Ansprüche auf Sozialhilfe. Die Sozialämter erteilen Auskunft ob und in welcher Höhe Ansprüche auf Leistungen bestehen. Sie informieren auch darüber, inwieweit Angehörige zur Leistung von Unterhaltszahlungen herangezogen werden.

→ *Sozialamt*

4.4. Vorsorge für den Todesfall
4.4.1. Testament

Das eigenhändig verfaßte Testament muß mit ganzem Namen unterschrieben werden. Es ist empfehlenswert Zeit und Ort der Niederschrift ebenfalls festzuhalten. Das Testament kann in amtliche Verwahrung gegeben werden.

→ *Notar, Rechtsanwalt*

4.4.2. Leitfaden für die Hinterbliebenen

Es gibt die Möglichkeit schriftlich festzuhalten, welche Dinge im Todesfall zu erledigen und zu beachten sind. Gleichzeitig können in diesem Rahmen Wünsche bezüglich des Bestattungsrituals, des Leichenschmauses etc. fixiert werden. Da es nach wie vor rechtlich möglich ist, den Verstorbenen bis zu drei Tagen zuhause aufzubahren, kann auch ein solcher Wunsch festgehalten werden.

→ *Bestattungsunternehmer, Schwäbisches Tagblatt*

4.5. Besuchsdienste

Die ehrenamtlichen HelferInnen der Besuchsdienste sind zumeist bei den Kirchengemeinden oder Pflegeheimen angesiedelt. Sie besuchen alleinlebende ältere oder kranke Menschen und erledigen kleinere Aufträge.

→ *Kirchengemeinden, Pflegeheime, IAV-Stellen*

II. Teilstationäre Hilfen

1. Tagespflege

Die im Tagespflegebereich betreuten älteren Menschen werden tagsüber an Werktagen versorgt und kehren abends wieder nach Hause zurück. Dies ermöglicht den pflegenden Angehörigen, trotz Berufstätigkeit oder Familienarbeit, ihre pflegebedürftigen Angehörigen versorgen zu können. Neben zahlreichen Beschäftigungsangeboten wie Lesen, Basteln, Gymnastik, bietet die Tagespflege in der Regel auch pflegerische Versorgung sowie persönliche Beratung an.

→ *Pflegeheime, Kreisverbände der Wohlfahrtspflege, IAV-Stellen*

2. Kurzzeitpflege

Um Angehörigen, die einen pflegebedürftigen Menschen betreuen, die Möglichkeit zu geben, Urlaub zu machen, oder um die häusliche Pflege bei Krankheit des pflegenden Angehörigen sicherzustellen, sind Kurzzeitpflegeeinrichtungen vorgesehen. Auch bei vorübergehender Verschlechterung des Gesundheitszustands des Pflegebedürftigen ist Kurzzeitpflege angebracht. Nach dem Pflegeversicherungsgesetz besteht für Versicherte bei der jeweiligen Pflegekasse ein Leistungsanspruch auf Übernahme von Kostenanteilen.

→ *Pflegeheime, private Kurzzeitpflegeheime, IAV-Stellen*

3. Tageskliniken

Eine gerontopsychiatrische Tagesklinik ist ein teilstationäres Behandlungsangebot für psychisch kranke ältere Menschen, mit dem eine vollstationäre Behandlung ersetzt, verkürzt oder vermieden werden kann. Die Patienten werden tagsüber umfassend betreut, verbringen die Abende und Wochenenden aber in ihrer gewohnten Umgebung. Das Therapieangebot beruht auf einer intensiven Zusammenarbeit verschiedener Disziplinen, die eine psychologische, medizinische und sozial orientierte Behandlung ermöglichen.

→ *Universitätsklinik für Psychiatrie und Psychotherapie, niedergelassene ÄrztInnen*

4. Nachtpflege

Die Nachtpflege ist ein bisher noch wenig realisiertes Betreuungsangebot insbesondere für psychisch veränderte Menschen, deren Tag-Nacht-Rhythmus gestört ist. Vergleichbar mit der Tagespflege bietet es ein Betreuungsangebot für die Nachtstunden an und ist damit eine weitere Möglichkeit zur Entlastung pflegender Angehöriger.

→ *Pflegeheime, IAV-Stellen*

III. Stationäre Hilfen

1. Pflegeheim

Ist eine ambulante Versorgung nicht mehr möglich oder gewünscht, so ist der

Umzug in ein Altenpflegeheim möglich. Der Preis und der Umfang der erbrachten Leistungen richtet sich nach der Schwere der Pflegebedürftigkeit bzw. der Einstufung im Rahmen des Pflegeversicherungsgesetzes.

→ *Pflegeheime, Altenhilfefachberatungen, Kranken- und Pflegekassen, Sozialämter*

2. Betreute Altenwohnung

Hier werden je nach Betreuungsvertrag in gewissem Umfang beratende, hauswirtschaftliche und pflegerische Hilfen angeboten. Jede Wohnung verfügt über eine Notrufanlage und sollte alten- bzw. behindertengerecht ausgestattet sein. Mit dieser Wohnform soll eine weitgehend selbständige Lebensführung im Alter ermöglicht werden. Für dauerhaft pflegebedürftige Personen sind betreute Wohnanlagen zumeist nicht geeignet.

→ *Bauträger, Gemeinnützige Siedlungsgesellschaften, Wohnberatung, IAV-Stellen*

3. Geriatrische Rehabilitation

Geriatrische Rehabilitation findet zumeist stationär in bestimmten Kliniken statt. Es existieren allerdings auch zunehmend ambulante Rehabilitationsangebote, die beispielsweise nach einem Schlaganfall verordnet werden können. Hierbei ist eine enge Kooperation zwischen Ärzten und therapeutischen Fachkräften vorgesehen.

→ *Rehabilitationskliniken, Ärzte, Krankenkassen*

4. Geriatrische Zentren

Das Tübinger Zentrum setzt sich aus fünf akut-geriatrischen Einrichtungen (Medizinische, Neurologische und Psychiatrische Universitätsklinik, Paul-Lechler-Krankenhaus Tübingen, Städtisches Krankenhaus Rottenburg) und der Rehabilitationsklinik Bad Sebastiansweiler zusammen. Auch in anderen Städten bestehen Geriatrische Zentren oder Schwerpunkte. Zu ihren Aufgaben gehört vor allem die Optimierung der interdisziplinären therapeutischen und sozialmedizinischen Versorgung älterer Menschen.

→ *Universitätsklinik für Psychiatrie und Psychotherapie*

5. Sonstige Kliniken

An einigen Kliniken gibt es spezielle geriatrische bzw. gerontopsychiatrische Abteilungen. Teilweise existieren spezielle Angebote, die auch für ältere Menschen hilfreich sind. Beispielsweise gibt es an der Augenklinik in Tübingen eine Augenambulanz und im Paul-Lechler-Krankenhaus Spezialisten für Schmerztherapie.

→ *Kliniken, Ärzte, Krankenkassen*

IV. Gruppenangebote

1. Selbsthilfegruppen

Hier schließen sich Menschen zusammen, die von einem körperlichen, seelischen und/oder sozialen Problem betroffen sind, um sich gegenseitig zu unterstützen. Es existieren beispielsweise Selbsthilfegruppen zum Thema „Trauer".

→ *Sozialforum, IAV-Stellen*

≥ Gruppe für Pflegende Angehörige

Dieses Gruppenangebot dient der Entlastung pflegender Familienangehöriger. Sie bieten die Gelegenheit zum Erfahrungsaustausch und zur Informationsvermittlung.

→ *Beratungsstelle für ältere Menschen, Sozialforum*

≥ Alzheimer-Angehörigen-Gruppe

Pflegende Angehörige, die einen verwirrten älteren Menschen betreuen, sind ganz besonders körperlich und seelisch belastet. Diese Gruppe bietet die Möglichkeit zu Aussprache und Erfahrungsaustausch, vermittelt Informationen über die Krankheit und berät über praktische Hilfs- und Entlastungsmöglichkeiten bei der Pflege, Betreuung und Versorgung.

→ *Senioren-Tagesklinik-Wielandshöhe*

⁻. Hospizgruppen

Hospizgruppen bieten Sterbebegleitung an, die es dem Schwerkranken erleichtert, sich mit dem eigenen Sterben auseinanderzusetzen. Sie verstehen sich als ergänzende Hilfe zu den pflegenden Diensten und als Entlastung für Familienangehörige.

→ *Hospizarbeitsgemeinschaften, Kirchengemeinden, Internationale Gesellschaft für Sterbebegleitung*

5. Begegnungsstätten und Clubs

Diese Angebote bieten älteren Menschen die Möglichkeit Kontakte zu knüpfen. Neben Freizeitangeboten werden Informationsveranstaltungen und Vorträge angeboten, Besuchsdienste organisiert, sowie Ausflüge und Naherholungen angeboten.

→ *Kuratorium für offene Altenarbeit, Kirchengemeinden, Begegnungsstätte Hirsch*

V. Schulungsangebote

1. Kurse für pflegende Angehörige der Pflegekassen

Das Pflegeversicherungsgesetz sieht in §45 vor, daß die Pflegekassen für ehrenamtliche Pflegepersonen unentgeltlich Schulungskurse anbieten sollen. Diese Kurse sollen der Unterstützung der Pflegepersonen und der Verbesserung der Qualität häuslicher Pflege dienen.

→ *Pflegekassen*

Adresarliste

Adressliste

IAV-Stelle Ammerbuch
Michaelstraße 13
72119 Ammerbuch
Tel.: 07073/ 2953
Fax 07073/ 2954

IAV-Stelle Dettenhausen
Einsiedelstr. 3
72135 Dettenhausen
Tel.: 07157/64433

IAV-Stelle Kusterdingen
Weinbergstr. 27
72127 Kusterdingen
Tel.: 07071/ 31007

IAV-Stelle Mössingen
Rathof 2
72116 Mössingen
Tel.: 07473/ 4141
Fax 07473/ 25170

IAV-Stelle Rottenburg
Eberhardstr. 19
72108 Rottenburg
Tel.: 07472/ 9899-22
Fax 07472/ 9899-40

IAV-Stelle Tübingen
Kirchgasse 1
72070 Tübingen
Tel.: 07071/ 23378
Fax 07071/ 23920

Beratungsstelle für ältere
Menschen und deren An-
gehörige e.V.
Kirchgasse 1
72070 Tübingen
Tel.: 07071/22498
Fax.: 07071/23920

Kuratorium für Offene Al-
tenarbeit
Köllestr. 31
72070 Tübingen
Tel.: 07071/49377
Fax.: 07071/45070

Senioren- und Gedächt-
nissprechstunde
Universitätsklinik für
Psychiatrie und Psycho-
therapie
Osianderstr. 22
72074 Tübingen
Tel.: 07071/2982302

Senioren-Tagesklinik-
Wielandshöhe
Universitätsklinik für
Psychiatrie und Psycho-
therapie
Stauffenbergstr. 10
72074 Tübingen
Tel.: 07071/2987126

Alzheimer Angehörigen-
gruppe e.V.
Senioren-Tagesklinik-

Wielandshöhe
Universitätsklinik für
Psychiatrie und Psycho-
therapie. 10
72074 Tübingen
Tel.: 07071/2982684
(tagsüber)
Tel.: 07071/23618
(abends)

Geriatrisches Zentrum
am Universitätsklinikum
Tübingen
Universitätsklinik für
Psychiatrie und Psycho-
therapie
Osianderstr. 24
72074 Tübingen
Tel.: 2987517

Tübinger Projekt
Häusliche Betreuung
Schwerkranker
Paul-Lechler-Str. 24
71074 Tübingen
Tel.: 07071/206111

Internationale Gesell-
schaft für Sterbebeglei-
tung und Lebensbeistand
e.V.
Im Rheinblick 16
55411 Bingen
Tel.: 06721/10328
Fax.: 06721/10381

Hospiz-Arbeitsgemein-
schaft
Region Reutlingen - Tü-
bingen
Kaiserstr. 27
72764 Reutlingen

Betreuungsverein
Österbergstr. 4
72074 Tübingen
Tel.: 551141

Begegnungsstätte Hirsch
Hirschgasse 9
72070 Tübingen
Tel.: 22688

Literaturliste:

Bender, Christel: Unter
einem Dach zusammenle-
ben mit pflegebedürftigen
Eltern, München, 1990.

Canacakis, Jorgos: Ich
begleite dich durch deine
Trauer, Stuttgart, 1997.

Dobrick, Barbara:
Wenn die alten Eltern
sterben - das endgültige
Ende der Kindheit, Stutt-
gart, 1989.

Felder, Leonard: Da
sein, wenn wir gebraucht
werden. Hilfen für
Schwerkranke und ihre
Angehörigen, Freiburg,
1997.

Jury, Marc und Dan:
Gramp - ein Mann altert
und stirbt. Die Begeg-
nung einer Familie mit
der Wirklichkeit des To-
des, Bonn, 1982.

**Hendtke-Becker,
Astrid:** Die Pflegenden
pflegen, Freiburg, 1990.

Kaiser, Martin: Dem Leben beim Sterben eine
Chance geben, Nachrich-
ten aus der Ärztlichen
Mission, Januar - März
1998, Verlag Deutsches
Institut für Ärztliche Mission e.V., 72076 Tübingen,
Paul-Lechler-Straße 24

Klessmann, Edda: Wenn
Eltern Kinder werden
und doch Eltern bleiben,
Stuttgart, 1990.

Kronsbein; Haase:
Wenn Angehörige pflegen,
Heidelberg, 1994.

**Künzel-Schön, Marian-
ne:** Wenn unsere Eltern
älter werden. Familienbe-
ziehungen - Pflegebedürf-
tigkeit - Generationen-
konflikte, Reinbek, 1986.

**Mace, Nancy; Rabins,
Peter V.:** Der 36 Stunden
Tag. Die Pflege des ver-
wirrten älteren Men-
schen, Bern, Stuttgart,
1988.

**Perry-Lyman, Doro-
thee:** Tausend Tage Le-
bensende. Ein Weg durch
Krankheit und Pflege,
München, 1989.

Van Hoesel, Elisabeth:
Liebesmüh mit alten El-
tern. Aus dem Tagebuch
einer guten Tochter,
Stuttgart, 1987.